You're Braver
Than You Believe

你比你想的更勇敢

女王 著

自序

感謝我自己的勇敢！

我總開玩笑說，每一次出一本新書就像是孕育一個生命、
生一個孩子似的辛苦。但沒想到，這一次，是真的有了一
個孩子在我的身體，陪伴我完成這本書！

　　在寫這本書的時候，我的心情和以前是完全不同的，內心
特別的喜悅是因為帶著肚子裡的寶寶一起完成這本書。幸福的
是，感謝我的孩子帶給我內心的平靜和舒服自在，沒有折磨我
或讓我不舒服，我想，他一定是希望媽媽好好完成創作吧！

　　想要以「勇敢」作為新書寫作的主題，是因為從開始孕育
生命這件事，我就鼓起了很大的勇氣，突破自己。做試管嬰兒
的這段路程比我想像的還辛苦，雖然失敗了再繼續努力就好，
但除了身體上的不適、打針的疼痛外，心情的起伏和害怕失敗
的恐懼不安才是最難克服的。即便我總是看起來笑咪咪、很樂
觀，卻還是覺得這是一條不簡單的路啊！

　　現在想想，實在不敢相信自己從一個最害怕打針的人，變
成了可以習慣拿針打自己的人。知道自己真的有了孩子的那一
刻，內心還是覺得非常不真實，甚至喜極而泣，沒想到自己真
的可以成為一位母親了。這一年來我默默的經歷了這一切，現

在才終於放下心來，與你們分享我的喜訊。

　　從準備懷孕、不知道自己有沒有懷孕、懷孕失敗，到不敢相信自己真的懷孕的過程中，我一直不敢跟別人分享這一年來的心理壓力，畢竟我一向主張樂觀面對挫折。但那些從沒經歷過的辛苦過程，是超乎我想像的煎熬。我很感謝另一半對我的愛與支持，和家人對我的疼愛。沒有他們，我想我應該很難撐過這段受孕的過程吧！

　　還記得最後一次試管後，我心想：「若沒成功就放棄吧！」抱著應該依舊落空的心情去醫院驗孕，坐在等候區一臉沮喪的等待壞消息揭曉，沒想到居然聽到「恭喜你懷孕囉！」的消息。

　　天啊！那一刻的心情就像三溫暖，真是難以形容！我拿著驗孕棒，忍不住在護士面前哭了出來，天啊！真的好感謝上天安排給我的驚喜禮物！

　　每次只要一想到這段心路歷程，就會忍不住落淚。我很感謝自己熬過了、堅持過了，也感謝自己的勇氣！

　　我想，成為一位母親，將是我做過最勇敢的一件事吧！

　　寫著寫著，也忍不住邊笑邊哭，我覺得自己很幸運，可以寫書一寫十年。這些年來，我堅持寫作、不放棄自己的夢想，而

你們就這樣看著不同階段的我，陪伴我一起成長，這一條路上真的很感謝有你們給我的鼓勵。

出了人生第一本書並成為作家，這是我十幾年前最勇敢的決定。即便遇到了許多困難、人生的高低起伏，我還是希望自己絕對不能放棄當初堅持的決心。

很多人覺得我就是一個天生充滿勇氣的人，但其實我也跟一般人一樣，會恐懼、會失去信心，也會不安。不管人生做了什麼決定，有對的，也會有錯的，我也一樣會感到緊張，只是我看起來不像是個容易緊張的人，因為我不習慣把自己的壓力或苦惱表現給別人看，我想，這樣多少會造成別人的壓力吧！

在這本書中，我想先分享人生中一些不勇敢的關卡，以及變得更勇敢的過程。還有我在愛情、婚姻、生活上的一些想法，以及我自己的一些成長歷程，與你們分享真實又不完美的自己。

回想起自己曾有那些脆弱、害怕、擔心……不勇敢的時候，我其實與你們一樣，也曾對自己沒有自信、懊惱自己的愚笨。也許，我們都曾因為不勇敢而放棄了什麼、不敢去面對什麼，但這些人生的過程，都是學習。

在最低潮的時候，多麼需要一聲鼓勵給自己勇氣、多麼需要一雙手拉自己一把，我懂。所以我很希望這本書將會是你所需要的一聲鼓勵、一雙手，告訴你，你並不寂寞，你並沒有自己想像的那麼弱。

每走過一次難關，再次看到陽光時，我都很慶幸自己當時挺過了，我走過來了！如果你也是過來人，你一定懂，還好，我們都沒有放棄自己。不是嗎？

　　在這裡，我要感謝肚子裡的孩子，謝謝你，雖然我們還沒正式見面，但我相信，你體貼的存在、不讓我心煩不適，就是希望媽媽可以好好完成創作、幫助更多人、不輕易放棄，達成十年來持續寫作下去的夢想。

　　也謝謝你，在這一段時間給了我很多的靈感和想法，更讓我有平靜的心情好好思考、安定的身體狀況好好工作和寫作，我相信你是個來報恩的孩子！

　　不好意思，媽媽先把新書生出來，再來生你喔！希望你將來長大後，看到媽媽出過的書，以我這位母親為傲。

　　謝謝我的勇氣，也謝謝你們對我的愛。

下一個十年

十年來,一個作家能帶給你什麼?

最近收到一些讀者的信,讓我特別感動。

有一封信是「道歉信」,他來信道歉,因為過去曾經在網路上罵過我,但後來看了我許多文章卻意外得到幫助,讓他在低潮時獲得療癒。這一路上觀察我很久,決定跟我道歉。

但其實我早已經不記得了,哈!我回他信說我不記得,請他也別放在心上,感謝他特別慎重的道歉,也謝謝他的鼓勵。

姐不是記仇的人(也是因為記性不好啦),也不喜歡結怨、不愛罵人。不管別人對我怎樣,我都相信和平。

不管他人如何誤解我,我都相信時間可以證明一切。不需要去傷害別人,也不要互相傷害,只要把自己做好,就好!

另一封信是「感謝信」,讀者從我寫作到現在看我文章十多年(好吧!我承認很多人會說「從小看我文章長大」),他感謝我的書,讓他在人生中的低潮、情關中走過,曾經差點要自

殺，但幸好沒有放棄自己。現在過得很幸福、快樂！

　　信件很多，我都是親自回覆，當然不一定很快可以回得完，或有漏信，請見諒。但看著你們寫的一字一句，我都會很感動。

　　有時候，看到你們很傻、做傷害自己的事，我會很氣、很難過，恨不得在你面前把你搖醒。所以我會想，能幫助別人的時候，就多多幫吧！

　　有次在被採訪時，訪問我的人聊到，他很喜歡看我寫作很正面、幫助別人的文字。

　　我說，這個社會已經太多爭吵、謾罵、負面，如果我們有一點點影響力，就應該多做點好事、幫助別人。而不是為了求版面、求點閱率，去消費別人、打口舌戰。有能力，就給別人多一點溫暖，不是更好嗎？

　　當然，我不完美，我的人生也充滿了錯誤和挫折，一路走來，我也不是永遠都那麼正面，也會有低潮、沮喪、不夠好的時候。

　　我也不是文筆好、真的很厲害的人，我只是不斷努力、學習，去做一個自己也會欣賞的自己！

　　謝謝你們的每一句話、每一個鼓勵，十多年來，這就是我努力寫作，繼續下去的動力！當然還有下一個十年，姐會繼續努力下去的！

Part 6 姐的態度

PART

1

關於勇氣

我要當媽媽了！
感謝新生命帶給我的勇氣

經歷這一切，我才看見自己的脆弱和堅強。這真的是我好
不容易才走到的一步，很不容易，但我很感激，我讓自己
走到了！

一直到現在，到醫院照超音波看到小寶貝可愛的影像，我都
好難以置信，肚子裡已經有一個有著心跳的小生命，就這樣默
默的陪伴著我。每一次看到都覺得好感動，沒想到我就快要當
媽媽了！難以想像未來的生活多了孩子，會是什麼畫面呢？

在整理新書需要用到的照片時，翻了這一整年來的相片，回
顧從開始求子到現在懷孕超過半年的時間，一開始並不知道這
將會是一條辛苦的路程。

結婚四年來，我跟另一半對於生子其實一直是抱著隨遇而
安的態度，我很幸運，並沒有在生子這件事遇到壓力過，公婆
和家人都從來沒要求過，也沒問過我，公婆甚至一個字都沒提
過，真的非常貼心。倒是問我要不要生子的都是一些不認識的
人的關心，想起來也挺有趣的！

在做試管嬰兒的過程中，婆婆把我的辛苦都看在眼裡，陪伴

我去醫院做取卵手術時，看到試管失敗了我又得繼續做，她跟我說：「媽媽真的沒有要你們生小孩，不要有壓力，不生也沒關係喔！」真慶幸我有一個開明又有智慧的婆婆，她總是對我們很好，又從來不干涉，也尊重我們的任何決定，她就曾經說過：「夫妻感情要好，比生小孩重要！」

　　我的另一半也從未著急要生子，他說我們沒有小孩也沒關係，兩個人快快樂樂的夫妻生活也好。我一直很感謝他，這段婚姻是我人生中最對的選擇，也從未後悔過。因為我有個很棒的另一半，總是支持我、鼓勵我，讓我結婚後總是覺得幸福、快樂。

　　結婚四年後，我想，是不是該生個孩子了？或許也是緣分，有機會接觸了做試管嬰兒的權威李茂盛醫生，抱著試試看的心情去做個檢查，沒想到醫生說我們很有機會生孩子，於是就開啟了我的試管嬰兒之路。

　　我是一個很粗線條的人，事前也沒多做功課，雖然知道身邊很多朋友都做過試管嬰兒，但並不知道這一條路到底有多麼辛苦。總想著既來之，則安之，但是第一關考驗我的，就是要自己打針這件事，這真是我人生中始料未及。我一向是個害怕打針抽血的膽小鬼，卻要每天拿針打自己的肚皮，一開始真的下

不了手。老實說，雖然最後打了不知道幾十支針，但每一次都是咬牙忍耐硬插進肚子的。有時候沒插好，還得繼續試著重新插針，真的很不容易。

　　我想，這就是上天要我學會的「勇敢」吧！要當母親之前，先學習做一個勇敢的人！天曉得其實我本性是個膽小又很弱的人，堅強這件事，都是後天不得不的學習。

　　在做試管的過程中，我並不是那麼幸運一次就成功，第一次失敗對我來說真的是很大的打擊，沒想到努力了半天，打了這麼多針，這麼辛苦和不舒服，最後還是沒有成功懷孕。拿著顯示一條線的驗孕棒，我真的超級沮喪，又不敢哭出來。一直到當天下午跟另一半在路上走著走著，終於忍不住在路邊崩潰大哭。我一邊哭一邊說：「真的好辛苦喔！我好難過。」

　　那一刻我才懂，別人說的求子之路辛苦，原來是這麼的難熬。身邊也有不少求子失敗，試過很多方式和煎熬，最後放棄的朋友，聽著他們談著辛酸，我也會忍不住難過。他們說，很羨慕那些隨便就中獎，不小心就懷孕的朋友，因為那對他們來說是多麼困難，多想乞求的好運。

　　但，雖然辛苦，還是要樂觀面對。我是這麼想的，老天讓我在生子這段路走得辛苦，是因為祂已經給了我很多東西，我有

幸福的婚姻、愛我的婆家和家人，有我熱愛的事業和美好的生活，那麼，我不可能凡事都順心，不是嗎？我還是必須有我應該克服的考驗。每個人生活都不完美，都有他要面對的課題和難關。

我很感謝上天給了我那麼多，他只是沒有讓我的求子之路也這樣幸運，那麼，我要做的不是抱怨自己為何不幸、唉聲嘆氣的看待自己的缺乏，而是更應該感謝、珍惜自己所擁有的，因為我已經擁有太多。然後，抱著樂觀、積極、感恩的心情，為這個不那麼順利的求子之路努力！

所以，在這條路上，我並沒有什麼負面情緒，即使失敗了，我還是笑笑的說再努力！我想，上天要送給你禮物，並不是那麼容易得到的，那麼我就微笑著等待吧！

在過程中，我沒有告訴過別人，連朋友也不知道我正在努力做這件事，因為我不想要把自己的壓力轉嫁給別人。遇到陌生人、不熟的人問我要不要生子，我也笑笑的說隨遇而安。其實我認真的覺得，不要隨意問別人這個問題，因為你真的不知道別人正面臨什麼事。

我有不少面臨多次求子失敗的朋友，他們說很怕被「好意關心」，因為很難開口說自己失敗了幾次、剛流產……這是多麼逼人的「好意」！還好，我是個心臟很強的人，我看得很開，笑笑帶過就好。但我相信，很多人並不是這樣樂觀，你只是看不見他沒流出的眼淚。

在第二次試管失敗後，我也曾經想過，自己到底要不要繼續試？另一半很貼心的跟我說，不要再做了也可以，他心疼我的辛苦。原來，要面對努力卻不是那麼容易成功的事時，並不容易啊！

做第三次的時候，我想著如果真的沒有緣分有孩子，那就欣然接受吧！這一次我抱著比較沒有得失心的心情，但其實害怕失敗的失落還是有的。

在求子的過程裡，我一直告訴自己，不管成不成功，我一定要把自己照顧好，讓自己活得開心，不要一直去想會不會懷孕，而是讓自己擁有一向樂觀開朗的心情，該吃美食就吃、該運動就運動，要好好工作，讓自己生活穩定正常。

或許是想著第三次可能是我最後一次做試管了吧，植入受精卵後我便感到害怕，怕自己又像之前一樣沒中獎。而且令我不安的是，我並沒有網路上分享的種種可能懷孕的跡象，完全沒有感受到什麼異樣，這讓我越接近開獎的日子越不安。

要去醫院驗孕（開獎）的前兩天，另一半說要不要試試看自己驗孕，老實說我真的很怕、不敢驗，我好怕再度看到驗孕棒上顯示一條線，我實在不知道要用什麼心情面對再一次的失落感。每次驗孕在等著看幾條線時，那幾秒的時間真的度日如

年，好難熬啊！

　　雖然很不想面對，不敢驗孕，但還是買了驗孕棒回家試試看，失望久了，其實我也沒抱著太大的期望了。驗了，果不其然，又是「一條線」，當下我沒太崩潰，只是想著：「或許我就是沒有孩子的命吧！」沮喪的跟另一半說：「這次又沒中了。」把驗孕棒放在桌上，就默默的去做別的事，分散自己的注意力。

　　但過了蠻久，似乎看到非常非常不明顯的第二條線，我想大概只是眼花。而且如果沒有很清楚，就應該不是了，我也不想再驗了（再驗也是傷心），就抱著隨緣的心情（沮喪的心情），去醫院再說吧！

　　當天去醫院驗孕時，我的情緒也一直很低落，反正又要接受沒有中獎的事實，我只想快快結束這一切離開。把驗孕棒交給護理人員後，便坐在旁邊的椅子上等叫號。我連滑手機的心情都沒有，只是低落的坐在那裡，等著再被告知「一條線」的事實。

　　等著等著，護理人員卻抬頭對我笑著，我想她應該是每天見到許多想懷孕卻落空的人，試著給周遭的人一些友善吧。等她叫到我的名字，我傻傻的走向前，她笑著跟我說：「恭喜你

唷！」看到兩個驗孕棒都有明顯的兩條線，我真傻住了！怎麼可能！完全不知道會是這樣！

　　護理人員笑著問我：「你做了幾次？」我說：「第三次……」說完後就忍不住淚崩。天啊！真糗，在不認識的人面前，我就這樣哭了出來。一邊哭一邊收下我的驗孕棒，跟她說謝謝。接著我一路哭著躲到醫院的角落，調整自己的情緒，因為實在是太意想不到了！然後馬上傳訊息跟另一半說這個好消息。

　　接著去照了超音波，看到子宮裡有個小黑點，才真的面對自己真的懷孕的事實。天啊！這真是上天給我最好的禮物了，我好幸福、好幸運，很難相信自己居然就這樣有了寶寶！

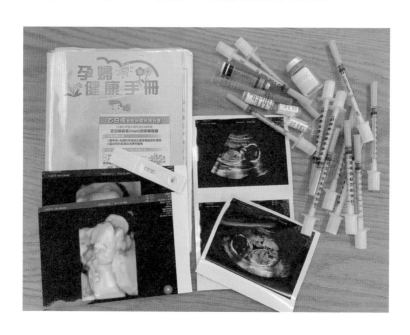

一直到現在懷孕五個月，每一次提到自己終於順利懷孕的過程，總是忍不住落淚。真的好難忍住自己的情緒，很難想像吧！因為我覺得這真的是此生最美好、最棒的一個禮物！

而這段過程的辛苦，只有自己體驗過，才知道。不只是身體上的辛苦折磨，也是心理上的壓力。每一個將成為母親的人，都是不容易的，成為了母親，更不容易！

我很感謝肚子裡的孩子，他很貼心，知道媽媽是高齡產婦，沒有帶給我任何不適，讓我開開心心的吃好睡好，當個媽媽；也很感謝我的另一半，總是支持我、陪伴著我，當我心靈上最好的港口；也感謝我的婆家和家人，他們總是對我好、關心我，給我最棒的家庭溫暖。

現在的我，抱著喜悅和感謝的心情過著每一天。每一次照超音波看著一個小黑點慢慢的有了體積、形狀，慢慢的長出了手腳、頭型也出來了，看著他舞動著自己的小手、小腳，好可愛啊！生命真的好令人驚喜，我就這樣一路看著，陪伴他長大，現在最大的希望就是孩子可以健健康康的出生、平平安安的長大！我想這也是每個母親的願望吧！

謝謝肚子裡的小寶貝選擇來當我的孩子。這真是我生命裡最大的祝福和禮物！也感謝你讓我在這個過程中、在得到你之

前，明白自己也可以有這麼強大的勇氣，去努力當一個母親！還好我沒有放棄你，終於等到了你。

　　我佩服自己的勇敢，也感謝你讓我學到了一課，人生中又成長了一步！

　　寫著寫著，已經不知道用掉多少張面紙擦眼淚了，經歷這一切，我才看見自己的脆弱和堅強。這真的是我好不容易才走到的一步，很不容易，但我很感激，我讓自己走到了！

　　如果說「為母則強」，那麼親愛的寶貝，我也會為了你成為一個更勇敢的媽媽！

　　期待你的出生，期待你豐富精采我的生命。

面對自己的黑暗面，
該怎麼克服？

接受自己不夠好，一點也沒關係。就是因為不夠好，我們
才有進步的空間，不是嗎？勇於接受自己，才能勇於改變
自己！

寫這一篇文章是要鼓起很大勇氣的，因為要跟你們聊「面對
自己的黑暗面」——這個最不想被我們承認的課題。

每個人都有黑暗面，只是我們會選擇不去面對、不承認，
或者我們根本沒發現自己的另一面。人並非完美，即使再好的
人，也會有他的缺點、弱點或他不好的那一面，不是嗎？

譬如說，你會嫉妒別人、看誰不順眼、期待別人發生不好的
事、仇富、嫌貧愛富、好吃懶做、自私自利、占別人便宜、傷
害欺騙別人、感情不忠……很多都可能發生在自己身上。

如果人總是不面對、不承認自己的黑暗面，就有可能慢慢被
黑暗的那一面所影響、侵蝕，或被負面的情緒和自我掌控，成
為一個自己也不喜歡的人。

以我自己為例，我也是慢慢的從自己的身上找到很多缺點和
黑暗（當然我也很不想面對），但我發現，自己要懂得與另一

面共存，找到解決之道，才會讓自己進步，變得更好。

　　以前的我是一個比較自私的人，比較少想到別人，通常我行我素、做自己喜歡的事，不一定會顧慮別人的感受，又加上我的神經比較大條，很多時候也沒想太多，所以說不定曾說錯什麼話傷了人，或做一些不貼心的事也有可能。

　　跟另一半在一起後，他常提醒我要當個更體貼、細心的人（因為他比我還體貼、細心），也提醒我要多一點同理心。我以前會嫌煩，因為要顧慮別人好累，但是久而久之，我發現這是一種人與人相處的貼心。

　　譬如說，我會去注意別人對我的好，去感謝他們。當別人對我好，我也會懂得回饋，這樣不只是善待別人，也是回報善意給自己。

　　我以前寫文章的時候，常是想到什麼就寫什麼，但有時又會太自我。他也會提醒我要多站在不同的角度來看事情，所以我現在會多面向的去了解不同的意見。我還是會寫下自己的想法，但我懂得更溫柔的表達，讓自己的文字多一點善意。

　　同理心，讓我變得更柔軟，也更有溫度。

　　我以前也是一個對感情不一定會很忠誠的人，如果我不夠愛一個人，就不會放棄其他的機會去多看看。甚至有時很想跟對

方分手，但又不想說分手，又喜歡上別人，搞得自己的感情世界很複雜，很多爭執和不愉快。也會互相傷害對方，他不夠愛我，我也不夠愛他，只剩互相拖累的感情。

現在看來都是自己造成的，不管對方好還是壞、愛我還是不愛我，我都不是一個很能把感情妥善處理好的人。所以結婚前，我也經歷過幾段不是很順利、不愉快的戀情。

所以我寫文章，其實都是在提醒自己、寫給自己看，在感情的路上，我也有過不成熟的時候。而這些不成熟的過程，現在看來，都是一路上的學習。

但是，要面對自己在感情上不是一個好人、不完美，其實也不容易。因為我們每個人都會在情感上有黑暗面。會嫉妒、想占有、失心瘋、想破壞、想傷害對方……這些都是我們所不願面對的另一面。

在結婚前遇見我的另一半的時候，我很慶幸自己花了一些時間好好的反省，改掉了過去的壞毛病。找到自己為什麼會不幸福的原因，不一定是別人的問題，而是自己要負責。

我用一個最成熟、最好的自己與另一半相處、經營婚姻，我發現當我努力去改進、克服自己的黑暗與缺點時，可以讓自己變得更好，更喜歡自己，這樣我才能經營自己要的幸福。

如果你總是情路不順，或許你可以好好思考自己的問題點在哪？（不要去想別人的問題）找到自己的黑暗面，克服它！

當然，我還有很多不夠好的地方，也有很多缺點，現在的我更願意去面對，去找出方法改進，了解自己內心缺乏什麼、需要什麼。

以前我的脾氣很不好，但是現在婚後脾氣變得好很多（脾氣好到連我自己都難以想像），我想這也是自己的努力修練。因為我想當一個自己看了也開心的人，不想要被自己的情緒影響或影響到別人，所以我學會去消化它。不要讓自己變成一個被情緒綁架的人！

有人說，如果你常看別人哪一點不順眼，那個點可能就是自己要面對的黑暗面。

譬如說，你很仇富，那麼是不是你內心不承認自己愛慕虛榮？譬如說，你很愛說別人壞話，那麼是不是你很愛嫉妒他人？又譬如，你討厭別人懶惰，是不是其實是你更想當個懶惰的人？看過很多心理學相關的書籍都有提到，你所討厭的事物，其實就是你要去面對的內心課題。如果你特別討厭什麼，那有可能是你內心不想承認，你討厭那樣的自己。

當然，去面對自己的黑暗面不是一件容易的事，這需要莫大的勇氣！光是要承認自己有什麼黑暗面就是一件困難的事吧！但是，我們越放寬心、坦然的去面對自己，跟自己溝通，你才

會成長。

　接受自己不夠好，一點也沒關係。就是因為不夠好，我們才有進步的空間，不是嗎？

　勇於接受自己，才能勇於改變自己！

如何有勇氣去
面對人性的黑暗？

我很喜歡一句話：「做一個懂得世故，卻又不世故的人。」
我們懂得人性的黑暗，但我們不用黑暗面去對人。

　　談到勇氣的課題，其實我覺得最難的不是面對自己，而是
面對別人，尤其來自於他人給予自己的傷害，不管是有意或無
意，人性的黑暗是我們成長到現在都要不斷面對的課題。

　　別人帶給你的傷害可能有：嫉妒、謾罵、嘲弄、貶低、歧
視……許多言語、文字，甚至行為上的傷害，人生中總是不免
要面對人性的黑暗，許多人過不了這一關，走不出來，就會一
直活在痛苦中。

　　很多人覺得我是個樂觀開朗的人，應該不太會被他人所影響
吧？其實我從開始寫文章、出書、成名後，一直不斷面對別人
對我的議論、批評、惡意的言論、謠言等各式各樣的攻擊，老
實說，我並不是天生勇敢。我從一個膽小懦弱的女生，現在變
得比較堅強、陽光，不活在傷害的陰影下，這一路走來，真的
非常不容易。

　　從我開始在網路上寫文章，後來出第一本書後意外暢銷大

賣，成爲所謂的暢銷作家，其實我內心並沒有準備好要面對這一切的。當初只是想出書，又沒有名、也不是厲害的作家，覺得應該不會有太多人會買我的書。所以一開始面對成名這件事時，我感到很惶恐。

那時候，總會有人損我只是運氣好，以後會江郎才盡，說不定只出了一本暢銷書就不會有下一次了。那時我聽了很難過，不懂爲什麼會遭到別人這樣的貶低，或許別人真心覺得我運氣好吧！

但，我還是持續的寫作，我不想要被那些看衰我的人擊敗，我繼續出了第二本、第三本書……大約一年一本的寫下去。當時我開始在我的自介、抬頭上寫了「作家」，也遭到別人的酸言酸語，認爲我只是寫書憑什麼自稱作家？當然，不看好我的、看我不順眼的同行（雖然我從未做過傷害同行的事，也未曾批評過同行），也會批評我的文章，甚至酸我、詛咒我的書不會有人買、不再暢銷。

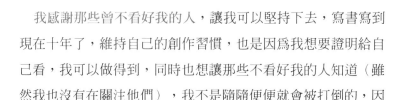

我感謝那些曾不看好我的人，讓我可以堅持下去，寫書寫到現在十年了，維持自己的創作習慣，也是因爲我想要證明給自己看，我可以做得到，同時也想讓那些不看好我的人知道（雖然我也沒有在關注他們），我不是隨隨便便就會被打倒的，因

爲堅持到底、不隨便放棄，是我的人生哲學。

我知道寫作並不是一條容易走的路，我總是努力的希望自己能夠寫得更好，讓文章可以幫助別人，帶給他人一點溫暖和正面的力量。即使再累、再忙，我也會抽空寫文章、更新粉絲頁、回粉絲的信件、找題材創作。努力一年出版一本書，走上了這條路，沒有一刻是停下來的。

但我慢慢的發現，這個社會並不流行走這個路線。當網路越來越發達、言論越來越自由時，許多人可以藉由批評、罵人一炮而紅，用消費名人來自抬身價，我也莫名的常被他人拿來消費、做文章，也容易被與我相似的人當作假想敵，我一直很難理解爲什麼。

我從開始寫作到現在十年多，從未批評別人，也不會用消費名人話題的方式去衝點閱率、拉抬自己。當然，你在我的頁面上也不會看到我罵人、嘲弄別人，因爲我不想做這樣的事。

有的人好心建議我，讓自己變得更紅、更多人來看、增加更多粉絲數的方式就是去批評、罵人。但我眞的完全不想，這條「讓自己更紅」的捷徑不是我想走的路。

我傻傻的相信，長久經營自己應該是要保有創作力、有作品、對別人有好的影響力，如果我只是個製造仇恨、對立、口

水的人，我會討厭我自己。

　　當然，對別人善良，不代表別人會對你善良。我總是要面對一些我所不認識的人對我的誤解（用他們的想像來評論我是什麼樣的人，但我並不認識你啊），製造謠言（也是用他們的想像來造謠，把我說成是一個多麼恐怖的人，但你也並不認識我啊）。一開始，我都會很善意、有禮的去回應他們我並不是這樣的人，但久了之後，我發現，其實他們根本一點也不在意，他們要的只是批評過後的口水高潮、點閱率。而我，只是一個被利用的棋子。

　　老實說，以前經歷這些都會讓我非常難過，因為我從來不會這樣對人，不懂為什麼別人要這樣對我？

　　後來我慢慢懂得，原來這就是人性的黑暗！並不是你對他不好、你有傷害過他，而是他就是看你不順眼，因為你有他沒有的，或你看似過得好一點，他就會想辦法拉黑你。

　　有時候，我會自己在暗夜裡哭泣，我不是一個喜歡把情緒、壓力和不快樂抒發給別人的人，我覺得這樣會造成別人的負擔。所以你也幾乎不會在我的粉絲頁看到我寫什麼太低潮、需要討拍的文字，因為，我也不希望我的讀者擔心我。所以我學會自己去消化、承受。

　　這些年來，我從一個懦弱的人變得越來越堅強，或許，也要歸功於那些年來日積月累的傷害訓練吧（笑），這真的非常辛苦，我的心臟就是這樣練得越來越強的吧！

最嚴重的謠言傷害應該就是我結婚時，有我不認識的人惡意造謠我的另一半是小開，甚至是日本人。這樣的謠傳，我一開始以為只是惡意謠言，只要澄清就好。但後來發現不是，在媒體想要炒作、許多人想要消費你時，根本沒有人會在意這是不是謠言了，沒有人想要查證（現在的媒體也不查證了，只要說是網友說的就可以報導），所以假的變成真的，甚至也沒人在乎是不是真的，因為他們只想要罵而已！

我一直沒有重提這件事，結婚四年多了，我相信真的就是真的，又何必一再解釋呢？我沒有去攻擊造謠的人（因為我也不認識他），也沒有回罵那些搬弄是非的人（因為我不是個好戰之人），對於那些莫須有的攻擊，我選擇不再回應、淡忘、放下。

但是回想起那時候經歷的風暴，我真的差一點過不了那一關。我覺得自己連累了另一半和他的家人，公婆從沒怪我，甚至還安慰我，讓我覺得很對不起他們。一個老人家看著電視新聞說自己的兒子是日本混血，作何感受？（明明是道地臺灣人啊！）我也很對不起我的另一半，曾想如果他不是跟我結婚該有多好，他就不用去面對這樣的誤解和壓力，好端端的一個自食其力、認真上進的好男兒被誤解，任誰也都很難接受。當時

我還曾想過，反正也才剛結婚，如果這時候分開、放另一半一條生路，或許對他才是比較好的。

就在我過著以淚洗面，被謠言攻擊到無言以對的那段時間，我真的很感謝我的另一半、家人都沒有責怪我、給我壓力，我婆婆只跟我說：「要勇敢，要幸福喔！」於是，我放下想要放棄自己、自責自怨的心態，我決定要好好站起來，為自己的幸福人生努力！

即便總是有人會笑我、唱衰我，希望我不幸福、希望我離婚，我還是不能被他們打倒，因為我不能被別人的黑暗所影響，我要往我的陽光之路前進。如果有人希望你過得差，希望你不幸福，你就要如他們所願嗎？我不認為。

於是我好好經營我的婚姻生活，持續創作、寫文章，我不做任何傷害別人的事，也不寫任何負面言論，想要攻擊我的、傷害我的，我都不會反擊、不傷害他，這是我覺得自己能做到的修養。

有人問，能夠對別人給你的傷害微笑以對嗎？我說我現在可以辦到了。我不會有恨，因為我不想讓我的生活充滿了恨，我會理解他們，因為他們需要恨，但我不需要。我只是在心裡笑笑的感謝他們給我的力量——讓自己更好的力量。

最重要的是，我總覺得對我來說，最重要的還是「創作」，而不是把自己變成一個是非之人。這才是讀者想要看到的，不是嗎？

　　面對他人的黑暗，其實並沒有那麼容易走過，我差點走不過，你們也不會再看見我。但是一股不願放棄自己的力量告訴我：「我可以撐得下去！我可以變得更好！」

　　那並不是一條容易的路，有的人受不了人言可畏、傷害霸凌而選擇輕生，有的人變得低潮憂鬱，有的人一蹶不振。對大部分的人來說，他們沒有這麼強的心臟去面對。

　　有人問我，要怎麼走出來，像我一樣樂觀？我說，其實你真的要懂得分辨你自己和他人是不同的，你不能控制別人、左右別人想什麼，但你可以控制的是自己，不要因為別人說的一句話而輕易影響自己或活在別人的情緒裡。

　　這當然不容易，但在多次鍛鍊之下，多被傷害幾次後，你就可以找到快速復原的方式。你會知道，什麼是重要的，什麼不重要！

　　還有，不要為了不愛你的人傷害自己，而要為了愛你的人好好活下去。

　　現在想起來，這麼多年來遇到的一些傷害，我以前會責怪、會覺得自己倒楣，現在成長了許多，反倒是感謝人生中曾經有過那麼多不美好的經歷。

　　如果我沒遇過這些傷害，我不會變成一個更有同理心、更溫

暖的人。如果沒有遇到那些人性的黑暗面，我不會去找到我的陽光。

我很喜歡一句話：「做一個懂得世故，卻又不世故的人。」我們懂得人性的黑暗，但我們不用黑暗面去對人。

現在想想，我當時做的選擇是對的，我把專注力放回我的創作上。持續讓自己不斷的努力寫作，把自己的生活經營好，有更多作品，這才是我更應該做的事！不是嗎？

也謝謝你們，親愛的讀者陪我到現在，這也是我持續努力的動力！

願你們也能一同勇敢面對、走過人生的低潮和傷害，只要你不放棄自己，未來的你，會感謝現在的你。

挫折也是生命的祝福，
幸福是你給自己的禮物

　　歲末時節，很容易回想過去，感慨時光飛逝，跟朋友聊起人生中經歷的風雨，不禁感到如釋重負，感謝歲月給自己的成長和歷練。

　　過去很害怕的挫折，現在想來也雲淡風輕，甚至感謝曾經歷的難關。沒有挫折，不會有現在更好的自己。不是嗎？

　　譬如說，我會害怕友誼無法維繫，害怕愛情的失去，害怕陌生人對我的誤解，害怕自己又不小心犯了錯……說真的，當你害怕的時候，什麼都怕，也以為什麼事都沒辦法做好、無法完美。

　　但事實上，即使沒有盡如己意、照自己的想法走，就算失去了、失敗了，後來想想也不一定是壞事啊！說不定過幾年再回頭看，反而是好事。

　　我們不可能事事都成功，世界都繞著我們轉，總是會失去些什麼、錯過什麼，但是，就算失去了、錯過了，說不定我們也會因此得到什麼。

最大的收穫是成長。

　　我們因為挫折，所以學會耐痛、學會站起來，不再重蹈覆轍，甚至也**學會發現**自己的不足、錯誤，那麼，這個挫折意義重大，幫助我們不少。

　　我們因為失去，所以學會放手、學會珍惜，知道自己適合什麼、不要什麼，在面對失去後豁達了自己的心胸，那麼，失去也是讓我們得到，不是嗎？

　　最重要的是，你在這些經歷中，帶給了自己什麼？你希望自己快樂、成功、幸福，那麼，當你讓自己越來越好時，這就是生命帶給你的禮物。

♥　　　　♥　　　　♥

　　親愛的，把今年經歷的挫折，當成未來讓你更好、更幸福的禮物！你不會平白承受，你的付出都會有代價，你所做的努

力，都會在未來有收穫！

　換個心態，不再低頭看自己的傷口，而是在生命的裂痕中，為自己盛開！

看待傷痕的方式，
決定我們成為什麼樣的人

生活的美好，往往來自於那些不怎麼美好的一切，不完美，才美。經歷傷痛，才懂得什麼是真正的幸福！

許多人問到了「如何面對傷痛」的問題，因為他們總是拿著傷痛，不斷傷害自己，他們問：「要怎麼不再被傷？」

他們總覺得自己現在的不幸都是過去的傷痛造成的。但是真的過了很久了，為什麼還要活在過去呢？

看著別人的幸福，懷疑自己。看到前任的快樂，自己過不去。但，你根本不需要折磨自己啊！別人的人生怎麼過，真的與你無關。

其實，每個人都會受傷，也都曾傷過別人，不管有意或無意。說真的，沒有一個人不是帶著傷痕在生活的！

更現實的說，就算是傷害過你的人，他們也會去改變，也會試著去成為更好的人，為他們想要的愛情、人生努力。

他不愛你，或許讓你受傷。但這不代表你就沒有幸福的機會，他就沒有去找尋幸福的權利啊！

⊥

傷痕，可大、可小，可以讓你成長，也可以毀滅你。這都不是別人的問題，而是看你自己。

你可以每天看著自己的傷痕，不斷的傷害它讓它由小變大，不能復原。那麼最後把自己弄傷、弄痛的不是別人，而是你自己。

你也可以只專注在傷口上，看不見生活中美好的事物，感受不到真正關心你、愛你的人，只為了傷口而活著。那麼最後，你也失去了原本美好的生活。

看著那些不斷傷害自己、將自己弄痛的人，我其實很心疼，也很想跟他們說，真的不必這樣。沒有無法復原的傷，只有不想復原的自己。

⊥

那些你看來幸福的人，他們曾受的傷也不一定比你少，但他們選擇用更積極、正向的方式去面對它，砥礪自己要往前進。

一樣的傷，看你選擇用什麼心態面對它。

　而有些人，只想當一輩子的受害者，檢討、責怪別人，或許得到了同情或支持。但，你還是要為自己的人生負責，不是嗎？

　現在的不幸或許不是你的錯。但讓自己持續不幸，就是你自己的問題了！

　看待傷痕的方式，決定了你將成為什麼樣的人，你可以一直咒罵傷痕，或，讓自己雲淡風輕。

　或許，幸福不是運氣，而是態度。人生走得越長，你越能理解。

　對於傷痕，痛過了，就一笑置之吧！

　生活的美好，往往來自於那些不怎麼美好的一切，不完美，才美。經歷傷痛，才懂得什麼是真正的幸福！

感情問題，
往往是你與自己的問題

愛情裡最大的問題並不是犯錯，而是總是覺得自己對，但卻把自己往錯誤裡送。

我常和很多單身的朋友說，先過好自己的生活，做一個更好、更快樂的自己，先了解自己，再去考慮愛情。

因為很多感情上的問題，其實不一定是對方的問題，而是你與自己的問題。

當然你會急著說：「我又沒犯錯，錯的是他啊！」但是仔細想想，你會選擇「錯的人」，離不開「錯的人」，甚至明知這是錯誤，還是一路錯下去不放手，這其實是你自己的問題啊！

上一本書《美好的愛，是先給自己幸福》是以「自我」這部分作為內容的開端，因為我認為在談感情前，要先好好搞定自己，懂得「自立」，並且，了解自己的問題。

當你沒辦法好好與自己相處，你會錯愛；當你不夠了解自己，你也會愛錯。當你無法解決自己的問題，也別寄望找一個人來當你的拯救者。就像我常說的，愛情和婚姻不是來解決你的問題的。

我也曾寫過，要先解決自己的問題，再去談戀愛，否則，你下一次戀愛還是會犯一樣的錯、愛上一樣錯的人，無限輪迴。

總是覺得「都是別人錯」的人，或許他在道德上的確沒有犯錯，但是一段痛苦、失敗的感情一定有錯。可能你的眼光錯了、決定錯了、對方根本是錯的人，或你們總是用錯的方法去愛對方。

如果你總是縱容對方犯錯，即使你沒做錯事，也無法得到對的感情。

如果總是先指責對方，不去面對自己內心的盲點，你也不會找到自己的問題在哪裡。

譬如說，有的人一談戀愛就會太依賴對方、失去自我，那就很容易培養出一個不把你當回事或利用你的人；有的人控制欲太強，總是要干涉對方，那麼，他就可能會遇到一個受不了控制，會欺騙你，甚至反擊的人……有時候，你會遇上什麼樣的人，往往也與你的性格有關。

你貪愛的時候，遇上了比你貪心的人，你對自己沒自信時，愛上更否定你的。你越委屈自己，對方越不尊重你，你沒安全感，別人也不會讓你信任……

我後來發現，原來個性上的弱點或盲點，會讓你吸引到剛好

適合你弱點的對象。就像是騙子一定會去騙比較好騙的人，一樣的道理。如果你不希望吸引到某些你不想要的對象，或許你該好好想想：「我要如何不成為他的菜！」

與其想去找一個更好的伴侶，真的不如努力成為一個「無論跟誰在一起，都可以做最好的自己」的人，當你越快樂、越自信，你遇到的伴侶也會是一個讓你更好的人。

把花在「檢討別人」的時間拿來「改善自己」，把想「改變別人」的力量拿來「提升自己」。

最重要的是，我覺得你要懂得了解自己，與自己共處。而不是只想要拉一個人來陪、找個對象來解決你的寂寞。先克服自己的弱點和問題，找到讓自己更好的方式，這絕對比談戀愛、找對象還重要。

當你與「自我」愉快相處，誠實面對自己、學會放過自己、善待、愛惜自己，你就不會去談一場沒有營養、消耗自己的感情，你也不會任由別人來傷害你、否定你。就算遇到了不適合的，你也知道要放手、要對自己更好。

放下針對「別人的錯」的執著，多花一點心思在自己身上，你會發現，別人的問題不一定是你的問題，但你的問題往往會變成感情的問題。

愛情裡最大的問題並不是犯錯，而是總是覺得自己對，但卻把自己往錯誤裡送。

你最大的課題不是愛情、不是別人，而是你自己！

沒有人可以讓你不幸，
除非你甘於不幸

「別人可以給你傷口，但決定傷口有多深，是你自己。」無意間看到這句話，很認同。

我們都曾經有過傷口，但是，不讓傷口復原、不斷傷害它的，是你自己。

看到不少人把自己的幸福、人生都押注在愛情和伴侶上。他們會覺得自己不開心、不幸、人生不順、不得意，都是因為對方不夠愛他，沒有給他幸福的生活，甚至失戀了、離異了，之後總總的人生不順，都怪罪到對方不愛他這件事。

如果幸福、快樂，都是別人給你的，你會很辛苦。

因為別人永遠無法為你的人生負責，就算失去了愛情或婚姻，你更應該要對自己的人生負責，不是嗎？

　　很多人總是認為幸福是「外求」，是對方要給予他的，但其實，自己若沒有給自己幸福和快樂的能力，別人也永遠無法滿足你。

　　我常覺得，別人能給你的，都是多的。自己能創造、給予自己的，才是真正屬於你的。

　　如果你快不快樂都來自於別人，幸不幸福都是因為有沒有遇到愛情，那樣的心好空虛、好匱乏，你會害怕失去、沒有自信，甚至會失去自我。那種感覺太可怕了！

　　我曾寫過一句話：「不要怪別人糟蹋你，而是你不要躺在他的腳底下。」

　　經歷過不幸，直到得到幸福，我深深感受到，自己要有能「讓自己幸福的能力」最重要。

　　別人會愛你，讓你幸福，給你美好的生活，那很好，但是如果他不愛你了，你什麼都沒有。如果只想靠別人給你本身沒有

的東西，那也不是真正屬於你的。因為，他可以輕易的拿走。

你要擁有讓自己幸福的決定權，決定權是在你的手上！

如果你給得起自己，又怎麼怕別人隨隨便便愛或不愛？

於是，你會懂，沒有人可以讓你不幸。因為你會遠離不幸，你會放得下傷痛，你會選擇自己要的、不要的，不愛你的人，你一點時間都不想浪費在他身上！

他給了你傷口，但你會用最快的速度復原它。

幸福是你的決定，快樂是你的權利。

「我不想當個總是抱怨的人，我想當一個更積極努力、改變，讓自己更好的人！」

選擇比努力重要？

　　不可否認，努力很重要，但是選擇更重要！

　　經歷了一些年歲，你慢慢懂得，不管是感情、生活上，「選擇」往往是最重要的，你要愛什麼人、走什麼路，都是你的選擇。

　　就算被傷害，也是選擇。被傷了一次，還要繼續被傷害，那也是你的選擇。不是嗎？

　　當然，人生會有很多意外、受騙，那不是你所選的，但是，明知道是不對的人、錯的事，硬要去做，就是你的選擇。去怪別人、怨老天爺，都只是把責任推給別人。

　　常有人問，要怎麼得到幸福？得到幸福最重要的是，你努力在「對的方向」，也就是「對的人」身上，如果一直花力氣、時間在「錯的方向」，怎樣也不會變成對的結局。我想我們都有共同的感觸吧！

　　我遇到許多最後得到幸福的人，他們都慶幸，還好當初「放手」得早，如果沒有放掉那個不夠愛自己的人，也不可能會遇到真正的幸福。

　　但是，有些人還是會「自欺欺人」的不看破，也不甘心自己花了那麼多時間、精力，所以不願離開。即便知道對方不夠愛你，知道他其實還有別人，他根本不是「對的人」，但還是不願放手，活在自我欺騙中。

　　有人會說：「戲棚下站久了，一定會是我的。」但是，如果這不是「甘願」的選擇，最後還是會失敗。如果用結婚和生子去綁住一個不夠愛你的人，結果只會讓自己吃到苦果，我們都看過太多這樣的例子了。

　　怎麼才知道是對的呢？我們得要從錯誤中學習，從經驗裡找到答案。

　　還有最重要的，聆聽你內心的聲音。

努力很重要，但我們懂了，要在對的人、對的方向努力。
而就算你遇到了對的人，不再努力，也可能失去幸福。

♥　　　　　♥　　　　　♥

想了想，怎樣讓自己更好、更快樂、幸福呢？
我想就是：「相信自己有選擇，而且願意去努力。」
往自己「對的路」前進吧！

在困境時的選擇，
決定你成為什麼樣的人

有人問：「如果別人傷害我，我要反擊、報仇嗎？」

我認真的告訴他：「不用，把自己過好才是最重要的。去反擊、傷害別人，並不會對你的人生有什麼幫助。」

傷害別人，你可能獲得短暫的快感和別人的注目，但，你做的事和你所討厭的人有什麼不同？況且，把時間花在別人身上，不如把時間花在自己身上。

當你變得越好，你就越不會在乎曾經傷害過你的人。

很多時候，我們面臨了選擇的難題。

但是在「聰明的選擇」和「對的選擇」中，盡量去選你心中那個「對的選擇」吧！雖然，當下可能有點蠢……

但是未來，你會感謝現在的決定！

♥　　　　　♥　　　　　♥

有人問，我愛的和愛我的，要選擇哪一個？

如果我兩個都愛，我要選誰？

親愛的，其實你兩個都不愛。

如果你真的遇到一個**真愛**，你是不會有其他選擇或猶豫的。

愛與被愛，為何是選擇？請一定要相信，你一定會找到一個你愛他、他也愛你的人，可以被愛、能夠愛人，能夠互相，才是幸福。

♥　　　　　♥　　　　　♥

曾聽過一句話：「人在困境時所做的選擇，決定他成為什麼樣的人。」

決定要更好，還是決定要更糟。

選擇放下傷害，還是選擇互相傷害。

無論如何，選擇去做一個「更好的自己」，去愛一個你不會想要有其他選擇的對象吧！

你的真假，
不須別人來定義

許多人說著「他很假」的時候，真的認識他嗎？
當人們說著「他很真」的時候，那真的是真嗎？

　　有朋友跟我訴苦，她說自己本來是內向的人，但是想要讓人覺得好相處、受歡迎，總是假裝自己很海派、直來直往、很人來瘋，甚至大聲罵人，她說這樣的女生才受歡迎。但她真的不喜歡「扮演」這樣的自己。

　　她說，可是大家覺得這樣的女生才「真」。

　　這讓我想到另一個友人，他寫過很多很有深度的文章，但一直沒有很多人欣賞，直到有一次他情緒失控的批評了一件時事，頓時「大紅」到吸引許多點閱。但是他一點也不開心，他說：「難道要用這種方式表現，才會吸引人嗎？」

　　有人安慰他：「不會啊！敢大聲批評，代表你很真！」

　　這讓我不禁思考，我們對於「真與假」的定義。

　　曾經，我不太喜歡講話娃娃音的女生，我覺得這樣很「假」。但是真正認識了有娃娃音的朋友，我發現她本來就是這樣的人，這才是「真實的她」。那麼，什麼是真什麼是假？我們又憑什麼說別人很假？

　　其實，人們所謂的真與假，只是一種「個人喜好」。你喜歡的，就認為是真，你不欣賞的，就覺得假。

　　但是，你認為的真，是真嗎？你以為的假，是假嗎？還是，有些人所表現的真，其實是假的呢？

　　如果，你沒有真正認識一個人、了解對方，你又怎麼能說他是真還是假？

　　「真」比較好？「假」比較不好嗎？

　　有個朋友分享，說自己本性是個難搞、自私的人，這是他的「真」。但是，他想要改進，讓自己變得更好，所以他努力去做一個更好相處、更善良的人。這麼說來，他違背了本性，就是「假」嗎？

　　有的人說，自己很真，真的很難搞，所以很「真」的去說話傷人，很「真」的去批評、傷害別人，那麼，這樣的「真」又真的比較好嗎？

　　有些人的「真」會傷人，有些人的「假」是了解自己真實本

性的缺點，所以選擇去做一個更好的自己。那麼，願意去假、去改，也沒什麼不好，不是嗎？

其實，你的真假，不須別人來定義。

我們也不要用自己的主觀意識、自己的喜好，去猜測、判定別人是真、是假。

學習不人云亦云，不用自己的價值觀評斷人，是一種成熟。

學會不隨之起舞，不用別人價值觀綁住自己，是一種智慧。

愛你的人，會喜歡真實的你，你也願意為他變得更真、更好。至於不愛你的人，他們連你真正的一面都不一定見得到，又何苦在乎他們對你的「假」想？

是真、還是假？選擇真、選擇假？喜歡真、喜歡假？

其實，那都不重要。如果非要選，就「擇善」吧！

選擇善良的眼，欣賞別人的好，選擇善良的心，努力讓自己更好。

每個人都不完美，都會跌倒、都有傷痕，學會不去為難、傷害別人，或去猜測、論斷別人。

努力當一個更真誠、更好、更快樂的自己，但也不要為了討好別人，失去了自己真實的模樣。

這世界與他人的眞假與你無關，唯有不放棄對自己的眞心，不放棄對人的眞誠。對於不完美，不再畏懼、不再鄙夷，擁有一顆更開闊的心，做一個更勇敢眞實的自己，這才是你所需要的「眞」。

與別人競爭，
不如把自己做好

跟別人比，不如跟自己比，
好好的把自己經營好，做更好的自己，這才是最實際的。

朋友說，她很容易不開心，因為難以放下愛比較的想法，看到網路朋友圈裡，誰過得好、漂亮、事業有成、過得幸福……甚至隨便一則貼文按讚數比自己高，就不開心，滑著FB和IG只讓自己越來越失落。

她問：「像你這樣的名人，不會去跟人比嗎？」

我說：「不會耶，我只做自己。」我反問她，難道那些你覺得比你好的人，都一定比較快樂嗎？

如果要比，跟自己比就好，讓自己的現在比過去好，才重要。每個人的人生不同，有什麼好比的呢？

就像我常說的，當你羨慕誰，你若去過一天他的生活，很可能會徹底改觀，沒想到對方有很多辛苦之處是你不知道的，可能還是當自己比較好。因為，你沒辦法成為別人。那些很棒的人，他們不一定只有幸運，而是背後付出了許多努力。

而且，為什麼不能接受別人比自己好呢？

　　當遇到一個優秀的人，你會想要學習、欣賞，從對方身上找到變得更優秀的方法，還是去比較、嫉妒、挑毛病，甚至否定對方，只想證明自己並不差或比他好？

　　你會真心希望自己的朋友成功、幸福，甚至比自己過得好，還是默默希望他們都不要成功、不能幸福，不能過得比你好，來讓你覺得「安心」？

　　我發現，兩種不同的思考模式，會讓你有不同的態度和格局，也默默造就了你的生活。

　　有時候，並不是你真的不夠好，而是，你把自己想得太差了！你只看著自己的缺點抱怨，而忘了去發揮你的優點。

　　而人最害怕的是，永遠活在自怨自艾裡，抱怨別人、批評現狀，但不去做改變、不去解決問題。

　　於是，你就會活在負面循環中，拉著跟你一樣負面的同溫層一起抱怨取暖而感到開心，不再進步，這實在太可怕。

　　親愛的，不要再拿別人做比較了！

　　不管我們哪裡不夠好，都要好好的專注在自己身上，為自己

努力吧！

　　人非完美，也要學會接受自己的不完美，接受生活的不美好。能改變的就去努力，不能的，就笑笑帶過吧！

　　做好自己、過好自己，才是最重要的。你怎麼知道，當你羨慕別人擁有的同時，別人不會羨慕你有的呢？

　　見不得別人好，太不快樂了！

　　對於別人的好，多學習和參考，多欣賞和祝福，你會發現，心態不同，快樂更多。你也會更積極，為自己努力！

　　成功或許有很多方式，耍手段、踩別人屍體、傷害別人、總是跟人競爭……真的不如把自己做好！

　　在生活、職場上難免遇到一些競爭者，或總是把你當競爭者的人（雖然你根本不想跟他競爭），有人用低劣的手段，有人想害你……但是，這樣才是成功的方法嗎？少了競爭者，你就會成功嗎？

　　或許，有些人認為的成功，是踩著別人屍體往上爬，但有沒有一天，冤冤相報，你也成了別人的屍體？

　　有時候會被問：「你有想成為誰嗎？」「你覺得誰是你的競爭者？」「你有沒有崇拜的對象？」

　　我的答案都是：「沒有。」我只想做我自己，不想成為誰，

我只跟自己競爭，不跟別人爭。

　　寫作十幾年來，我從不用自己的影響力去做任何傷害、批評別人的事，罵人、酸人……我都不做，這或許是炒作的捷徑，但絕對不是正確的道路。別人可以消費我，但我選擇不去消費他人。

　　因為，把自己做好才是最重要的。創作出能幫助別人的作品，讓別人透過我的文字得到一點力量，是我持續下去的熱情。

　　如果你有羨慕的對象，就把他當學習的目標，而不是去傷害他、毀了他來讓自己更好。因為，傷害他人不會讓你更好。

　　別人或許不買他的單，但也不表示要來跟你買單。你想靠手段毀了別人，但最後你也沒因此更成功。

　　與其總是視別人為競爭者，不如廣結善緣，多跟別人學習，多幫助別人。

　　把競爭、比較的心態放下，好好的把自己經營好，做更好的自己。

　　這才是最實際的，不是嗎？

PART

2

關 於 快 樂

不在乎，
是一種快樂的藝術

人生沒有那麼長，在乎的人事物不必太多，
當你選擇了快樂，自然不會去在乎那些讓你不快樂的事物。

常接觸許多說著自己不快樂的人，發現他們都太在乎了。譬如說，太在乎那些不重要的過客、不認識的人對自己說的話，太在乎不愛他、不重視他的人，太在乎那些瑣事、鳥事、對人生沒有意義的事⋯⋯

他們總是太執著、太心軟、不甘心、放不下，把別人倒給他的垃圾統統接收，把人家的負面情緒都回收，甚至不斷把過去的傷害拿來傷現在的自己，所以不快樂。

其實，你可以不要那麼在乎啊！你為什麼要在乎？你太在乎別人，但別人根本不在乎你啊！

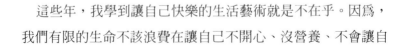

這些年，我學到讓自己快樂的生活藝術就是不在乎。因為，我們有限的生命不該浪費在讓自己不開心、沒營養、不會讓自

己成長的人事物上。你花越多時間去仇恨，就越沒有時間去愛。

　　但是，不在乎並不是什麼都不放心上，而是，你懂得選擇什麼要放在心上，什麼不要。我常常笑說，這也是一種心靈的美容和排毒。

　　就算是重要的人、親密的人對你的情緒傷害，也可以笑笑的看淡它，而不是去點燃它。只要你接受人都有情緒、有缺點，就可以把烏雲撥開，當作是雨後的暖陽。

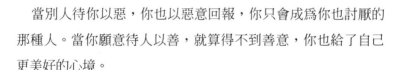

　　當別人待你以惡，你也以惡意回報，你只會成為你也討厭的那種人。當你願意待人以善，就算得不到善意，你也給了自己更美好的心境。

　　人生沒有那麼長，在乎的人事物不必太多，當你選擇了快樂，自然不會去在乎那些讓你不快樂的事物。

　　"Who cares"，不在乎是一種快樂藝術。把垃圾看得太重要，是你的問題，不是垃圾的問題。

　　在乎的事情越多，你就越不快樂。

　　常聽到許多人的抱怨或煩惱，仔細想想，其實都是一些不重要的人事物，說穿了，只是自尋煩惱、庸人自擾。

有句話說，這世界上只有三種事：「老天的事、別人的事、自己的事。」我們只要管好自己的事，老天和別人，我們都管不了。這不代表你要自私，而是要懂得界線，懂得課題分離，那是別人的課題，不是你的。

嘴巴說著不想做，但是又不得不做，做了又不開心、又碎唸，只會讓自己活得充滿負能量，讓自己顯得奴性堅強。這在許多家庭、夫妻、愛情、友情上常發生，但其實，你可以拒絕的。如果對方因為你拒絕了什麼而勉強你、給你壓力，那絕對不是愛。

不喜歡的事，為什麼不懂得拒絕呢？不喜歡的人，為什麼要去在乎呢？

把不喜歡、不想要、不重要的那些人事物，統統丟進一個叫做不在乎的垃圾桶裡就好了。

人有些時候要讓自己無情一點，而不是濫情。絕情一點，而不是不懂得拒絕。你有原則，別人才會尊重你，你不輕易被影響，別人就不能干擾你。

因為你太在乎那些不重要的事，你在乎別人，別人卻不尊重你，你把他想得太重要，他卻根本不把你看眼裡。

　　嘿！人生苦短，爲什麼要浪費自己美好的生命，在跟他們瞎攪和呢？

　　你會發現，你在乎的人事物越少，就越快樂。當你懂得把時間花在值得愛、眞正愛你的人身上，才能專注在重要的事情，讓自己變得更好。

　　當你越有自信，越成熟，越知道自己要什麼，你就會知道什麼事情不必太在乎、不用放心上。

　　當一個不輕易被影響的人，你才能得到眞正的快樂。

　　做一個堅強而柔軟的人，而不是一個脆弱但多刺的人。

　　在乎愛，不在乎恨，你會得到更多快樂。

　　～獻給每個總是太在乎又不快樂的人～

人生很美好，
不需要為不愛你的人浪費時間

愛真的沒有道理，並不是你比較愛他，他就應該愛你。也不是你付出多少，對方就會同等的愛你、回報你。

　　常收到來信詢問感情，很多都是遇到錯的人、受盡痛苦和委屈，甚至被當作見不得光的地下情人，或是被狠狠的甩了，還在等他回頭……

　　每每回覆這些信件都讓我嘆息、踩腳，親愛的！拜託你不要再浪費時間在不愛你的人身上了。你浪費眼淚、消耗自己、活得悲慘……他都不會因為同情而愛你的！

　　許多讀者說，花了很多年時間付出在對方身上，但他一點也不珍惜、不夠愛你。你還是不願意離開，還在那裡哭喊自己為什麼這麼苦命、倒楣。你沒有錯，但是感情錯就錯了，這並不是你有多好就可以換來的。

　　我常會勸他們不要再浪費時間了，再拖下去，錯的也不會變成對的，只會讓你受傷更深、更難爬起來。更何況，你明明有美好的人生和未來，為什麼要讓自己這樣「爛」下去呢？

　　我常看到有些人不管條件或質感都很不錯，只是因為愛上了

錯的人、跟錯的人結婚，而讓自己每下愈況、活得越來越糟，甚至連工作、夢想和錢財都賠上了，從此一蹶不振。看到這樣的情況都覺得好可惜，但只要他們一天不願意離開，日子也只會越過越差。

有的人覺得不甘心，有的人會賭一口氣，有的人乾脆自欺欺人，但這都不會讓你變得更好。不是嗎？

也有些人會質疑，是不是自己不夠好、付出不夠？其實根本不必質疑自己哪裡不夠好，也不必對自己失去自信，或想要沒有底線的包容犧牲。因為愛真的沒有道理，並不是你比較愛他，他就應該愛你。也不是你付出多少，對方就會同等的愛你、回報你。

你並不會因為失去了他，就失去被愛的權利。也不會因為失戀了一次，以後就沒有人愛你，或無法再愛。去問問那些比你年長許多的朋友，他們會告訴你，誰不是這樣走過來的？下一個總是更好！不是嗎？

往前走，不必回頭看。你還有大好人生等著你體驗（大把的好男好女等著你認識），走出來後，你才會懊惱自己當時在難過什麼，真是浪費時間。FB多他一個朋友都嫌多餘（請刪掉吧）！

找回自己的重心，拿回幸福的權利。把自己活得漂漂亮亮、精采豐富，讓自己值得更好的人生、值得更有質感的情人。

不必花力氣怨恨他，不必花時間咒罵他，也不必讓自己活在哀怨裡。你要努力讓自己過得快樂到差點忘了曾經認識他。

人生很美好，不要爲不愛你的人浪費時間！不要說一個月、一年了，一杯咖啡的時間都嫌多。

你沒時間討厭他、沒精神想念他、沒有愛分給他，因爲，你要爲你自己好好的、幸福的活下去！這才是對自己負責任的態度！（P.S. 不要總是用「知易行難」安慰自己，覺得很難做到嗎？不去做怎麼知道做不到？封鎖加刪除是第一步，就從這一步開始吧！）

別讓給不起溫暖的人，
喪失你對愛的希望

「女人最怕，在愛情裡看不到希望！」有朋友這麼說。

每次聊到「離開錯的感情，找回對的自己」，都有很多讀者給我回應。分手、離婚也常是引起很多討論的話題，讓我不免感嘆，維持長久的幸福真的不容易啊！

熱戀時期都很開心，但要長久、要結婚，才會發現有很多問題陸續浮現。有人曾經問我：「如果我們相愛，但他家人不喜歡我、很難搞，怎麼辦？」

以前的我會說，那就努力克服吧！甚至我也會想，那就去配合、討好、感動他們啊！但是現在的我會說，無解的、難以改變的，不如就放棄吧！

有一天你會懂，不管再相愛的兩個人，總是會被愛情以外的問題擊倒。你以為愛情很偉大？不，一點也不。**真實的愛**，是

結合在一點也不完美的現實生活。

　或許，面對困難而努力，是得到愛情的一種方法。但或許，太多的困難也在提醒你，未來你將要面對的痛苦。

　以前，我總以為真愛是苦來的、證明來的。現在我才懂，真正的愛，是自在的、自然的，不必勉強，不必那麼用力的。彼此都能快樂坦然的做自己，但又能接受對方真實的模樣。你不必委曲求全，他不必勉強自己。

　人們總會問：「這是對的人嗎？是真愛嗎？」不要問別人，問你的內心。

　真摯而踏實的愛，是給你滿滿的溫暖和力量的。

　別讓給不起溫暖的人，喪失了你對愛的希望。他若給不起，也不要怪他，這盞燈熄了，你還有更美麗的光芒。

　有一天你會懂，光芒來自於你，而不是愛情。

「選擇」讓自己快樂

　　有人問，看我都笑呵呵的，好像都不會生氣抱怨，要怎麼拋開易怒體質，不受他人的負面情緒影響呢？

　　其實我以前也是容易受別人影響、脾氣不太好的人，但隨著年紀增長、結婚後，我決心改變自己，讓自己變得更好。最重要的就是，心態要改變。

　　看人事物，不要總看不好的，就算別人不好，也不關你的事，把自己過好才最重要。

　　愛生氣傷心又傷身，對自己一點好處都沒有，也不能解決問題。抱怨只會讓自己活在負面情緒裡，不如更積極的去解決問題。而且，無止盡的抱怨只會讓你看更多事不順眼，惡性循環，讓人害怕接近你，深怕踩到地雷。

　　最後你會發現，想要怎麼過生活，都是自己**選擇**的。想要被愛還是被傷害，也是你的選擇。想要站在原地，還是大步向前，也是選擇……

　　有時候，我們誤以為自己沒有選擇，但，這也是一種選擇，或，你放棄了選擇。

　　你的人生，應該由你自己做主，而不是讓別人輕易左右你。你的情緒，也不應該被別人支配。

　　當你決定要快樂，沒有人能讓你不快樂！

　　（因為你根本不在乎曾經讓你不快樂的人了，哈囉，你哪位？）

　　Cheer up～

　　選擇快樂！

快樂的祕訣：
每天替自己的心靈排毒

常和朋友討論**快樂過生活**的方法，因為我們發現，多年下來，快樂的女人看起來比較年輕，甚至越老越散發光采，越來越有魅力耶！心情美麗真的是最好的保養品！

（對已婚女人來說，好老公更是絕佳保養品。）

我自己的快樂祕訣是，每天都要把心裡的垃圾丟掉。

也就是說，不小心放在心中的負面情緒或任何抱怨，都要在一天的結束後，把它當作垃圾丟掉！不要讓這樣的不快樂累積在心裡，發爛發臭！

就算今天再不開心，想一想：「Tomorrow is another day!」要讓自己重新開始、往更好的方向前進。千萬不要讓喪氣、哀怨、憤怒等情緒拖累自己，讓自己鬼打牆、鑽牛角尖。這是對自己最沒幫助的！

　　與另一半相處也是，不要生**隔夜氣**，有什麼不開心，冷靜下來，找到好的方式去溝通、解決。不要因為一時之氣，毀了你想要的幸福，把對方推得更遠。

　　讓自己的心靈每天**排毒**，不好的人事物，就讓他隨風而去Let it go～（請唱），不必糾結在那些對你不好、不夠愛你的人。保持距離，讓他們遠離你的生命。

　　對於人生那些鳥事，不在乎的人才會比較快樂。哈！在乎太多，也不會有人在乎你，那又何必浪費時間去自尋煩惱呢？

　　斷捨離是讓自己快樂的方法，懂得放手，捨得放掉，你才會有更多時間花在更美好、快樂、有意義的事情上！

　　　♥　　　　　　♥　　　　　　♥

　　從今天起，學會心靈排毒吧！多笑一點，少苦著一張臉，多說點開心快樂的事，少讓自己憤怒、抱怨（也遠離讓自己憤怒、抱怨的根源吧！）這也算是心靈的養身，比買保養品還有效。

　　今日事今日畢，今天的垃圾，今天丟棄。每天一起來心靈排毒吧！

脾氣好、不抱怨、多感謝，
就是幸福的保養祕訣

　　成熟的人，懂得控制自己情緒，不成熟的人，被情緒控制。

　　我常笑說，我婚後脾氣變好了。其實我以前也是個脾氣很衝、個性不太好搞的人。曾經我也會討厭自己，不喜歡自己容易失去理智，為了錯的人失去格調，變成自己最不喜歡的那一種女人，一點魅力也沒有。

　　後來我發現，如果我要擁有幸福，那不只是要去找「對的人」，我自己的個性也要修練，我也要變成一個「對的自己」，才配得起我心目中「對的人」。

　　選擇對的人很重要，但成為對的自己更重要！

　　我發現，當人越抱怨，就會讓自己越不幸福，因為你只注意到想抱怨的事情。反之，**越不抱怨，越會吸引幸福**。因為他們更懂得多看伴侶的好。

換個角度想，有一個人可以讓你抱怨、忍受你的壞脾氣，還對你不離不棄，已經是天大的幸福了，更應該好好珍惜啊！如果對方真的太差，你可以選擇放手，而不是又愛又要唸。

我們總是看別人不順眼，但我們自己也不完美啊！**總是要對方凡事配合自己、符合自己的期待，那就是一種自私。**

兩個人在一起本來就要互相協調、配合，你能大聲的嫌對方，是因為對方比較願意容忍你。

很多人總是期待另一半怎麼對待他，但是，他沒想過自己也要讓對方有一樣的感受，你要什麼收穫，當然要怎麼付出。

而不是要求他對你好，你又不願付出，這樣不平衡的關係，終究不會是幸福。

這也是我現在學習到的，你要另一半怎麼對待你，就要怎麼去對他。這是一種互相、平等的關係。

最後你會發現，脾氣變好了、心境變好了、笑容變多了，人會也變得更漂亮。然後你發現對方對你更好，這就是伴侶的正**向循環啊！**

學會寬容，
你會得到更多快樂

「過去的我太執著於誰對誰錯，最後發現辛苦的是自己……人生經歷多了，最後學會：寬容，就是寬容自己。」看到朋友FB寫的這一段話，也有同樣想法。

她也說：「做人看開一點，心胸寬廣人生才寬廣，豁達的做人，才能幸福快樂！」

人的不快樂，往往是太執著於不重要的事、別人的事。

拿別人的錯誤懲罰自己，輕易的讓別人影響自己的心情和生活。

常聽到人說，因為別人做了什麼而不開心。但是轉念一想，這是他的錯誤（或許對他來說不是）、他的人生，究竟與你何干？

更何況，我們也會失誤、也會犯錯，也難免傷害過人，我們

不也是要經歷過，才會成長嗎？

我們常說，**個性決定命運，心態也決定了你的人生**。心胸廣一點，人生的路也會更廣，少計較於小事，你的格局才會大一些。

隨時告訴自己，不要為不重要的、別人的事不開心。寬容別人，也是寬待自己。

把自己過得更好，才是最重要的！

親愛的，
再低潮都別忘了微笑！

常有人問：「要怎麼走過低潮的時光、要怎麼讓自己找回快樂？」

其實我也曾有過低潮，那時只會執著的看著黑暗，而忽略了生活中美好的事物、忘記了自己的笑容。以為找不到陽光，殊不知，是自己把自己困在井底，不願爬出來罷了。

如果你也是個總是低頭看著自己傷口、不足、挫敗……而不曾抬起頭來的人，覺得自己是世界上最倒楣、最悲慘的，覺得自己無法好好活下去、厭世的人……

我以前會給一個建議，你就去大醫院的大廳坐一個下午吧！看看那些生老病死、真正的痛苦和無助，你會感恩自己其實並沒有你想像的那麼不幸。而那些受傷病痛的人，都比你還賣力的活著，你又有什麼理由站不起來？

但是，這個關卡要自己花時間走過，你才能成長。時間花多花少，都是你的選擇。

其實，生活中本來就有苦有樂，如果你專注在苦，你看到什麼都是苦的，若你能在苦日子找到生活樂趣，路上的小花小草、今天的暖陽也會讓你感到幸福。

幸福可能是好運，但大部分都是你的努力。努力的人，可以把鳥事當作自己變得更好的養分，把小人當作讓自己進步的貴人，把過去的失敗戀情當作未來幸福的砥礪。

既然都是低潮了，人生最低、最慘也不過如此，未來就只會往更好、更高的方向前進，不是嗎？

生活再不美好，我們也能努力讓自己活得漂亮。

過去再不美麗，也堅信自己能蛻變成一隻蝴蝶。

抬起頭來，你才會看到陽光，看到你的天空有多大。

親愛的，別忘了，你笑起來很美！

人不快樂，
來自太過於執著別人的錯誤

因為別人的錯誤而懲罰自己，
因別人的愚蠢讓自己不開心，是不是很不值得呢？

有人問，如何讓自己不要暴怒、不要遷怒，如何讓自己快樂一點？我想了想，其實，人很多時候的不快樂，都是不必要的。簡單來說，快不快樂是你的選擇。

我常會遇到有些人的人生都是活在別人的錯誤裡面，譬如說，前任在幾年前傷了他，他會一直講、一直罵，過了好幾年還是一樣，不禁讓人覺得：「你會不會罵太久了呢？」一開始別人會同情你，但到後來朋友漸漸很怕遇見你，因為你又要找他們罵了（負能量真的會很重）。

你一定會遇到這種人，他們總是不放過別人的一點錯誤，即使這個錯誤真的很小或是一個無心之過，他也會一直放大，當作很嚴重的事情來指控，有的人甚至還會非常情緒化的加上個人想法，把簡單的事情變得複雜，把別人想得很可怕。

我其實很害怕接近這樣的人，因為如果不小心踩到他、得罪他（也許根本不知道哪裡得罪他），就會成為他的箭靶，被他

攻擊、指控。

　　你會發現，總是把別人的錯誤當作生活重心的人，他們通常很不快樂，因為生活中充滿了他看不順眼的人，他也總是不斷的咒罵、批評，總覺得自己是對的，別人都對不起他（也可能別人根本沒有對不起他）。

　　這樣的人，不會活得很辛苦、很累嗎？

　　如果總活在別人的錯誤裡折磨自己，那麼，你也不會得到自己想要的幸福快樂。走不出錯誤，活得像受害者，並不會讓你過得更好。

　　務實一點想，有問題就去解決，有錯誤就去改進，此路不通就換一條路走，此人不能愛，就放自己一條生路。如果你什麼都沒做，只是不開心、怨天尤人、不去改變，那麼，你只能讓自己一直不快樂下去。

　　許多人不快樂的源頭都是來自別人的錯誤，但是仔細想想，別人的錯誤對你來說真的有這麼重要嗎？

　　如果別人沒有傷害到你、沒有犯天大的錯，那麼，在你眼中的錯誤也可能不是錯誤，而是你的偏見或誤會，又或者只是站在不同的角度，不同的想法。

　　更何況，人都會犯錯，你也會犯錯，如果別人犯了一點錯，

就要置他於死地無法原諒，那麼我們自己也可能不只死一次了吧！

如果別人犯的錯真的不關你的事，也沒犯法傷人，可能只是無傷大雅的小錯，我們不妨就聳聳肩算了，不必浪費情緒，或傷了自己的優雅去動怒。

因為，事後回想，你會覺得根本不值得。

如果為了這麼不值得的小事生氣，又把氣出在自己愛的人身上，這不是很愚蠢嗎？

與其花時間在抱怨、批評，執著於別人的錯誤，讓自己不快樂、臭臉、負能量爆表，不如放下！

不要把別人的錯誤拉進自己的生活，不要輕易被那些要讓你不快樂的人影響，也不要人云亦云隨別人起舞。

試著不說「因為他讓我不快樂」「都是他讓我不開心」，而是成為主宰自己快不快樂的主人。讓你不快樂的人事物，要想盡辦法遠離、改變，而不是讓自己一直困在那裡不快樂。

選擇要快樂是一種內心強大的力量！

不必執著於別人的錯誤，而是把心力花在讓自己更好、更快樂的事情，這才是最值得、有益身心健康的事！

在別人身上找快樂
是最辛苦的

　　我很怕一種人，那種會把自己人生好壞、成敗，推給別人的人。他的幸福、快樂都是別人應該給他的，如果遇不到對的人，他就不幸福。

　　也就是說，如果他覺得自己過得很糟，一定是因為沒有愛情或是愛錯人，都不是自己的問題。他們很可能在分手幾百年後，還覺得自己現在過得不好，一定都是因為上一段感情害的。

　　或許，他們只想當受害者或不想為自己的人生負責。

　　但是，那些你認為過得幸福或快樂的人，只是好運嗎？他們沒有遇過爛人嗎？沒有跌過跤、犯過錯嗎？並不是。而是，即使他們遇到了爛人、爛事，也不會讓自己爛下去，過著擺爛的人生。

遇到不幸不可怕，安於不幸，並相信自己只能不幸下去，才是最可怕的。

💙　　　💙　　　💙

有一種人，他們不管遇到任何不幸，都相信自己能創造想要的幸福人生。

他們不會認為，自己的幸福一定要別人負責，別人一定要來取悅自己。

他們不會認為自己不幸福是因為沒遇到對的人，而是，他們沒好好去讓自己活得更對！

💙　　　💙　　　💙

這個年代，你還把自己的命運、主控權交給別人，是一件很不合理的事。總是想要別人取悅你、配合你，也是一件滿自私的事。

你想要的，自己給不了，就要別人來滿足你，也是不成熟的行為。你的人生過得一團糟，就要別人來拯救你的人生，更是不負責。

　　如果總要把夢想、人生都寄託在別人、愛情、婚姻之上，你容易得到的，也會輕易失去。唯有自己創造的，才是實實在在屬於你的。

♥　　　　♥　　　　♥

　　在別人身上找快樂、找幸福是最辛苦的，因為你沒有。

　　關於幸福和快樂，你給得起自己，也能去付出，又怎麼怕別人不給你？

　　就算他不愛你了，對你不好了，那也就算了，別去討愛，別用熱臉去貼人冷屁股。

　　遇到錯的人不可怕，可怕的是你為了他成為錯的自己。

　　總是等待別人給你幸福快樂？不如把時間拿來好好專注於自己身上，好好做一個對的自己，比等待一個對的人更重要、更值得！

你可以配合他，
但不必勉強自己

之前書裡寫過「磨合和不適合的不同」，很多人會問，如何知道其中的差異？配合對方是磨合嗎？

我想，兩個人在一起，難免需要互相配合、協調，這都是一種互相的默契。請注意，是互相，不是單方面喔！

但是，我並不認為你需要勉強自己或勉強對方。如果感受到勉強，其實就真的是不適合了。

你不想做的事，硬逼自己去做，得不到快樂和成就，那就是勉強。

對方不願意做的，你硬要他去做，要他改變成另一個人，那也是勉強。

總是要說服自己，不去做，對方可能就不愛了，為了得到愛，去為難自己，也是勉強。

　　說好聽是付出是犧牲，但都是有附帶條件，想要用自己的痛苦去換取對方的回報，否則就情緒勒索，這也算勉強。

　　你問，什麼是勉強？問問你自己的內心，最清楚。

　　兩個人在一起的互相配合，是快樂、滿足，是1＋1＞2；

　　如果兩人在一起互相拖磨、耗損，那就是讓你趨近於0。

♥　　　　　♥　　　　　♥

　　年輕時，我們往往不懂配合和勉強的差別，往往把痛苦當作愛情，誤以為犧牲是偉大，甚至我們會折磨自己、折磨對方，來證明這是真愛。

　　現在我們懂了，真正的愛，是自由的、輕鬆的，**是你可以快樂做自己，又相信對方會愛真正的你**。

　　當你們相愛，願意為對方努力成為更好的人，那是多麼美好的事啊！

　　回頭看，過去愛勉強自己，其實都是我們不夠自信、不了解自己。愛勉強別人，是因為我們太過於自私，不夠信任對方。

　　勉強得來的，都不是真的。真正屬於你的，一點也不需要勉強。不是嗎？

把自己照顧好，
你才有能力照顧別人

成熟一點你會懂得，跟一個能獨立自主打理好自己、照顧
好自己的人在一起，你們才能 1＋1 大於 2。

　　跟朋友聊天，她說：「自己都照顧不好的人，就算有了伴
侶、家庭，也無法照顧得好。」

　　「活得一團糟的人，他的感情也是一樣糟。」

　　「不快樂的父母，他們的家庭也不會快樂。」

　　或許你可以想到更多例子。

　　這讓我想起很多人，他們終其一生都是繞著別人轉、以別人
為重心生活，很少想到自己、顧好自己，因為他們覺得燃燒自
己、犧牲自己可以讓別人開心，就勇於付出不求回報。但他們
其實不快樂，因為他的快樂都是被別人影響、操控的。

　　甚至他們會覺得，自己的辛苦付出和不快樂，應該要換來對
方的愛與回報，如果沒有，他們就會因此更不快樂。

　　有些女人從沒把自己照顧好，一肩挑起一家子的照顧工作，
但是自己卻因為得不到平等的回報而不快樂，再把心中的怨念
化為負能量傳給下一代，藉此情緒勒索他們：「媽媽這麼辛苦

犧牲，忍受不幸的婚姻，都是為了你們。」

有些父母總是太過依賴子女，希望子女的照顧和陪伴，可是孩子長大了有自己的事業、家庭，無法總是在父母身邊。我曾聽過這樣的父母說：「我覺得自己很命苦，孩子都不能每天在身邊。」可是孩子都在外工作，怎麼可能天天陪伴呢？這時候父母若不調整好自己的心態，不是對孩子造成壓力嗎？

總是期待別人的照顧，其實也會讓人感到好累。如果你無法照顧好自己，也不可能隨時都有人照顧得了你，更不用說你可能會影響到你愛的人，讓他總是為你擔心而無法好好的生活。

做一個讓人擔心的人，不如做一個讓人放心的人。

我也有遇過熟齡的女人，過著挺好的生活，但還總是唉聲嘆氣，怨嘆都沒有人（男人）可以照顧她。聽了不禁覺得很多熟齡或看似成熟的女人，其實都有一顆玻璃公主心，很容易碎，也容易覺得自己沒被呵護。

其實，為什麼要等著有人來照顧你才是幸福快樂呢？你能讓自己好好的生活、過得精采開心，不也很好嗎？幸福快樂如果都要別人給你，你才有，那不是很危險嗎？能夠讓自己單身的時候也有幸福、快樂的能力，這才是你應該對自己負起的責任。

我們總不能一把年紀了，還以爲自己是高塔上的公主，等著王子來拯救吧？

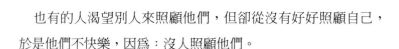

也有的人渴望別人來照顧他們，但卻從沒有好好照顧自己，於是他們不快樂，因爲：沒人照顧他們。

也有許多人總花心力去愛、去付出，但沒照顧好自己，於是偏離了生活的重心，他們渴望對方回報，如果得不到，就失去了自我。

他們終究認爲，「照顧自己」是別人應該對他的付出，而不是自己的責任。

久了之後，你會覺得，跟這樣的人在一起好累。

成熟一點你會懂得，跟一個能獨立自主，打理好自己、照顧好自己的人在一起，你們才能 1＋1 大於 2。

老實說，獨立的人也很怕遇上不獨立的人來拖累自己，兩個人加起來沒有加分、相乘，只有消耗、扣分，這樣的感情談起來也不長久、也很累人的。

總是不願對自己人生負責、想把責任推給別人，甚至別人要

負擔他的喜怒哀樂，為他的不幸買單，每天總是抱怨誰又惹他生氣、誰又讓他不順眼……這樣的人，只會讓人想逃離。

這個年代，早已不是等待別人來拯救你、來吻醒你，而是，你要先學會生存、讓自己快樂。

別人願意照顧你，是他對你的情分，

你懂得照顧自己，是你對自己的責任。

沒有愛情，你還是活得下去，活得更好。

做個快樂的女人，
先學會不逼死自己

你不必追求完美，而是當那個不夠完美，但是很快樂、很可愛的女人！

和許多女人聊天，發現女人常在感情、家庭上，有逼死自己的情結。就像是好女友、好女人、好媽媽魔咒，總覺得自己不完美、不夠好，甚至害怕自己不夠好，所以別人會不愛她、不肯定她。

譬如說，有的女人會覺得沒做好家事會不會就不是好老婆，有的人覺得一天沒下廚，讓小孩吃外食就不是好媽媽，有的女人以為，自己付出得不夠多、不夠配合，所以對方才不愛她……

但是，一個男人愛不愛你，真的跟你流理臺有沒有刷乾淨、小孩是不是吃速食、你有沒有聽他話……一點也沒有關係。

甚至，你做了太多，給對方壓力，犧牲太多，又期望別人回報。最後做到死沒人感謝，還會說：「我又沒有要你做。」

所以，為什麼要覺得自己做不夠就有罪惡感呢？你的另一半並不會有罪惡感，你又何苦給自己這麼高的標準？

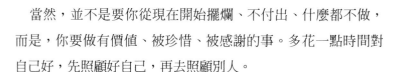

　　當然，並不是要你從現在開始擺爛、不付出、什麼都不做，而是，你要做有價值、被珍惜、被感謝的事。多花一點時間對自己好，先照顧好自己，再去照顧別人。

　　不要給自己太多壓力，你的伴侶也不會有壓力，讓自己先快樂，你才能快樂的經營這段關係。

　　要求完美的人，不會有一段美好的愛情。

　　不要期許自己要完美、要滿分，而是讓自己的生活在忙碌和悠閒中取得一個平衡，好好享受一杯咖啡、做個保養，把小孩交給另一半，把家事外包、去哪裡走走……讓自己充了滿滿的電、帶著快樂的心情，你的另一半和孩子會喜歡更有自信的你！

　　魔羯座的女生友人說：「我努力工作賺錢，就是為了可以選擇我要做什麼、我不做什麼。」

　　可以選擇「不要做什麼」，你才能多給自己一些空間、時間，在忙碌的生活中找回一些自己，再用美好的心情來面對工作和家庭。

而且我發現，「不逼死自己」的女人都過得比較快樂，散發出來的光芒也更迷人。因為她們不必被「完美」給套牢，不必追求當個一百分的女人、母親，而是學會欣賞自己、接受自己的不完美，找到一個最適合自己的生活方式，好好的去愛自己、愛他人。

　　你不必追求完美，而是當那個不夠完美，但是很快樂、很可愛的女人！

　　學會不逼死自己，你才不會逼死你的另一半，逼死你的感情。

　　（魔羯座感言：但說來，我們還是認真拚命型的，只是現在學會生活要「放鬆」，婚姻裡要「放空」，不逼自己、不逼別人，日子會過得比較開心！）

情緒越穩，
人生越穩！

當你可以控制自己的情緒，還有什麼是不能掌控在手裡的
呢？

　　如果說，女人過了三十五歲之後要拉開彼此之間的差距，最
大的因素是頭腦、眼界、能力……那我的觀察還有一點：能夠
控制自己情緒的能力。

　　或許你也有這樣的經驗，見到年紀不小的女人行為能力卻像
是年輕女孩，可能會不講道理、歇斯底里、公主病，或用一些
很不成熟的態度去處理事情，又或者像小女孩似的做些討拍、
顧影自憐、發一些哭哭情緒文等你意想不到的事。

　　如果還是個沒社會經驗、年輕不懂事的小女孩，你可能還會
體諒、覺得好可愛，但是年紀不小的女人再做這樣的事，真的
一點也不可愛啊！

　　不只在生活、交友、職場上，在兩性相處上，年輕時的戀
愛，男生或許可以包容女朋友的一些不成熟。但如果結婚了、
年長了，大家的生活都夠忙碌了，誰還有力氣去安撫那些永遠
長不大的公主病呢？

（兩性平等，以上不限男女，公子病也很可怕的）

慢慢的發現，如果一個人無法控制好自己的情緒，脾氣不好的人生活都不會太順遂，感情上也會很辛苦。總是愛抱怨、批評的人，只會讓人想遠離。

畢竟，沒有人想要每天接收你的負能量。一個人再愛你，也很難一輩子包容你、忍受你。

當然，人都會有生氣的時候，但是如何處理自己的情緒，面對自己的負能量，用有智慧的方式去消化它、放下它，再找到解決之道，的確是一門功課。

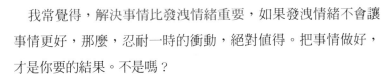

我常覺得，解決事情比發洩情緒重要，如果發洩情緒不會讓事情更好，那麼，忍耐一時的衝動，絕對值得。把事情做好，才是你要的結果。不是嗎？

見過不少有歷練、聰慧、成功的女人，她們的情商都很高。能讓自己過得幸福、快樂的人（不管單身與否）都擁有高情商。

當然，這需要時間和生活的歷練，或許，我們也曾是會發飆、會情緒失控的人。但現在的你，成為自己情緒的主人，不再是那個隨隨便便就被激怒的人了，不是嗎？

有人問，要如何處理那些對你不善，或總是想惹你生氣的人

呢？我笑說：「那就當作笑看人生啊！」笑一笑就過了，生活是自己的，心情是自己的，何必讓別人影響你呢？

情緒越穩定，你才能擁有穩定、快樂的生活。

笑看人生，也是一種快樂哲學！

那麼，情緒要怎麼控制呢？

曾經寫到「控制自己的情緒」的課題，有些人會以為，控制情緒是不是要一直忍耐、壓抑？

我認為不完全是，因為忍耐和壓抑並不是解決問題的方法，我所謂的控制是指不亂發脾氣，培養自己的好修養。但如果總遇到別人要來踩你底線，怎麼辦？

那麼，你要把你的情緒用對地方。有幾點我自己的觀察和想法可與你們分享：

1. 做一個有原則、讓人尊重的人

許多人會一直被踩線、被欺負，就是因為你是個沒原則的人，人善被人欺，你越沒想法，就越被人牽制。

與其總想作個濫好人，不如做個有底線、有原則的人吧！寧可醜話講前頭，而不是什麼都說好，只想討好大家，最後痛苦的是你自己。放在職場、交友、戀愛、婚姻皆是如此。

2. 不怒而威才是最高境界

你一定看過很多人每天在罵人，罵久了對方一點感覺也沒有。因為你罵完還是一樣沒原則，接受那些不平等的事，也還是順從別人，那不是罵心酸的嗎？

譬如說你罵了老公半天，老公還是一樣不改變，他犯錯了、劈了腿，你罵完還是不斷原諒、「做資源回收」，最後根本沒人在乎你啊！

其實男人要的不是情緒化的溝通方式，而是你比他冷靜、理性，告知他你想要的、不要的，還有你的原則。當然，最後再撒嬌一下多半就能達成目的。哈！

至於那些罵了也不會變好的另一半，不如直接做好Plan B計畫放生。

觀察生活中，真正受人尊敬的都不是那些最兇的，而是「不怒而威」的類型。

3. 精準的掌握發火的時機

很多時候，遇到不合理的事情不發火，別人可能還會欺負你、踩到你頭上。那麼，就精準的發一次火，明明白白、邏輯清楚，用發火的態度、講理的方式，讓對方服你。

讓人知道你是就事論事，只是想把事情處理好，並不會遷怒或胡亂傷人。掌握好發火的快狠準，見好就收！

重點是，明明是發火，但說出來的話還是有條有理、令人信

服，鏗鏘有力，讓人服了你又不討厭你，這也是談判的最高境界。

4.能當優雅的女人，何必把自己變成「肖查某」呢？

其實呢，生活就是快樂一天、不快樂一天，很多都是自己的心態要調整，現實不能改變，就改變自己面對的方式。如果能當快樂的女人，又為什麼要活得像瘋女人？你說是吧！

保養品很貴的，生氣長皺紋，會變老變醜，還要買保養品擦，不划算！

人生中會遇到的那些人、那些事，就是要來磨練我們、砥礪我們成為更強壯、更好的人！或許，我們未來也會感謝他們為我們帶來的成長，不是嗎？

有人問，我會對另一半發火嗎？老實說，結婚近四年我沒對他大聲過，發火根本不可能。我的心態和情緒都變得越來越正面、穩定。

我發現當個情緒平穩的女人，不只自己過得好，在愛情、婚姻上，也會獲得更多快樂。

我想，一個能讓你情緒穩定的伴侶，也是一種遇見對的人的指標喔！

脾氣來了，
福氣就走了！

最近聽到這句話，真的深深認同，人的脾氣真的會趕走自己的福氣。

總覺得看什麼都不順眼，自己日子也不好過，總是愛抱怨、愛比較，讓人不想靠近。總是處處為敵，也只會讓自己活在仇恨裡。又得到什麼呢？

我也有所體悟，不快樂，是吸引不到快樂的。

想要快樂，要自己先去付出，才會得到。

年紀長了，脾氣變好了。因為知道「值不值得」，很多情緒和脾氣都是不值得的，尤其是那真的一點也不重要的小事！

什麼是值得的？當你愛一個人、在乎他的感受，你就會克制自己的情緒，不想讓他受傷。

嘴巴可以傷人，也可以幫人。可以帶來傷害，也可以溫暖別

人。其實，都是我們的選擇，不是嗎？

　　人生有所閱歷後你會懂，不需要靠嘴巴爭輸贏。

　　有福氣的人，都不是愛生氣的人，或許也是因為脾氣好，所以老了都有很慈眉善目的面容。也因為他們待人和善，所以也容易遇到對他們好的人，人與人是互相的，有時候這也是吸引力法則。

　　我常提醒自己，要讓自己有好脾氣，要多笑。有些不愉快，想一想就過了，不必跟自己過不去。還是讓自己的日子過得開心最重要！

　　或許因為心態上這麼想，所以我也不會因為不愉快而困住自己，遇到不開心的事也過得很快。

　　「脾氣來了，福氣就走了！」時時刻刻要記得提醒自己，脾氣好不是為了別人，而是為了自己。

讓自己過得更好，
不是為了報復前任

最好的方式，還是真的放下過去，不再回頭。好好為自己
的現在和未來努力！

　　讀者寫信來感謝我：「走出失戀後，現在每天都忙碌而快
樂，是不是嫁得出去不那麼重要了，為什麼要在乎不在乎自己
的人呢？」

　　她之前談了一個很不快樂的愛情，又走不出失戀，甚至否定
自己，覺得失戀後就很難嫁了。我回信鼓勵她，離開不愛你的
人是好事，不必為此失去自信！

　　分手後，她學會了充實自己的生活，報了學習課程，也換
了更好的工作，有了新追求者。前任看她過得好，又跑來聯
絡……（拜託別理他！）

　　她笑說：「原來一切都是心魔搞的鬼，是自己把自己想得太
不堪了（笑）。」後來才發現，原來，自己值得更好的人生！

　　我很替她開心。因為這一切，都是她為自己做的努力。

很多人分手後總是把「過得更好」當作是一種報復。而且也有不少人會說：「最好的報復就是過得比對方好、比他幸福。」聽起來很激勵人心，但其實就是放不下。

為什麼是放不下呢？因為如果你真放下他了，又怎麼會去注意他的狀態、觀察他過得怎樣。既然你還是一直念念不忘對方，凡事要跟對方比，甚至還會因為對方的一舉一動不開心，就表示你根本沒有放下他啊！

有人會去跟前任（或他的新對象）比較，有的人會不斷關注對方，甚至有人會搶著談新戀情、搶先結婚，證明自己比較幸福（這真的蠻無聊的）。

其實，真的不需要。如果你真的走出來了，就不會有恨、不會在乎了。因為他對你來說，比路人還不重要。

而且，如果你真的幸福，你會希望他也能找到適合他的幸福。

我常在想，愛的反面其實不是恨，是無感。你不愛了，也就不恨了。

不抱著恨過生活，你才會找到真正的幸福。如果你還是抱著仇恨、怨恨的心情，你也無法真的解脫、真的快樂，因為你一想到就會生氣。

　　就像有人會為了報復前任分手，而瞬間找個對象結婚，表面上似乎覺得自己贏了，但不是為了愛而結的婚，總有一天自己也會後悔。而老實說，如果前任早就不在乎你，那也不會因為你結婚而有所影響的。

　　沒有什麼好報復的，那只是你的一廂情願。你只是浪費你美好的生命，活在恨裡，你越在乎，才會越不快樂。

　　最好的方式，還是真的放下過去，不再回頭。好好為自己的現在和未來努力！

　　沒有人要為你的幸福負責，而是你自己。
　　把自己的生活過好，才是你最應負的責任。

好的愛情，
只會在好的狀態下出現

或許你會發現，真愛晚點來也是好事。太早來也不見得是對的時候，在那之前，我們都需要學習，學習好好的為自己而活，活出自己最好的狀態！

常遇到讀者焦急的問我：「都快三十了，還沒找到對象、還沒結婚，怎麼辦？」「我一直沒有遇到對的人，好急又好茫然。」「好怕會不會太老了就遇不到對的人……」

在他們眼中，二十幾歲就惶恐，三十歲左右就覺得自己太老，天啊！我以為這個年代的女人應該不被年齡局限，怎麼男人沒嫌你，你就嫌起自己來？

當然也有人失戀被甩，男生用嫌她老當作分手的理由（但也沒超過三十歲啊），我說，這不是年紀的問題，是他不愛你的藉口（白眼翻到後腦勺）。

我曾認識個男人，他單身時只跟二十幾歲的女生交往（他四十幾歲），還說超過二十八的就算老。結果呢，有一天他遇到真愛結婚了，老婆還比他大六歲。所以，根本不是年齡的問題，是他愛不愛的問題啊！

其實，當你越著急、越恐懼、越沒有自信、越否定自己，自我狀態不好的時候，你越容易談一場很糟糕的愛情。因為你急、你不挑、你委屈自己，你愛錯了還捨不得放手，你寧可跟爛的在一起，也不相信自己值得好的。

很多人都經歷過，當你人生狀態最差的時候，你遇到的絕對不會是什麼好東西。尋找愛情，也是吸引力法則，不是嗎？

我認識不少三十幾歲已經結第二次婚的朋友，他們一致都覺得當初太年輕不知道自己要什麼、適合什麼，還好勇於放手，才能找到對的伴侶。這麼說來，離過婚的都沒在怕了，三十幾歲都還能找到第二春了，年過三十有什麼好恐懼的？

我很晚婚（三十五歲），但我很慶幸我晚婚，因為這是我最成熟、有歷練、有自信、心智狀態最好的年紀。所以我夠成熟，能情緒穩定的經營婚姻，我不會鬧脾氣，也不會去做一些互相傷害、計較批判的幼稚舉動。我也知道自己要什麼、不要什麼，不會搞不清楚自己在幹什麼。

我一直很慶幸我沒有太早結婚，不然婚後沒幾年應該也會離婚。因為如果是為了年紀、為了給交代，甚至只是因為對方愛你、向你求婚，你就點頭了，心裡卻根本不知道對不對，也搞不清楚他適不適合、自己要過什麼生活，就這樣貿然踏入婚

姻，本身就是一件危險的事。

只有適合結婚的狀態，沒有適合結婚的年齡。

回頭看，在我年輕的時候，遇到一些「婚頭」的女生，後來很多不是離婚就是過得不幸福。她們總會說後悔自己當時的決定，但礙於現實生活、小孩的責任，只能妥協。勇敢一點的，就離婚為自己找新的出路。

年紀越大，我越發現，把自己的狀態調整好，是一件很重要的事。也不是為了戀愛或結婚，而是為了自己。即使已經有對象了、有婚姻了，也不代表你要放棄自己，或把自己的狀態變差，這是一種對自己的責任。

只為愛情而活多麼無聊，為自己而活的女人，才有魅力！

於是我懂了，當你在什麼狀態下談的愛情，就會是什麼模樣。你怎麼對待自己，你的感情也會是你的反射。

不要因為都遇到錯的人而生氣，而是靜下心好好想想，要怎麼改變自己，讓自己怎麼變得更「對」，讓對的人欣賞你，錯的人看到你就繞道而行。（很重要！）

我先讓自己快樂，所以我能付出快樂。

我對自己有信心，所以我能信任對方。

我尊重我自己，所以我們能互相尊重。

我想跟你說，不要急，不要慌，好好過好自己的生活，讓自己快樂、心靈富足、享受獨處，找到內心的平靜。檢討過去的錯誤，改善自己的缺點。讓自己成為更好的人！

不管有沒有遇到愛情，你都是對的人，

遇到了愛情，你才能讓彼此加分，1＋1＞2。

不能總是希望他是對的，但我們都不努力吧？那也太不公平了！

或許你會發現，真愛晚點來也是好事。太早來也不見得是對的時候，在那之前，我們都需要學習，學習好好的為自己而活，活出自己最好的狀態！

3

PART

關 於 自 信

不用等著別人對你好，
也不用屈就於別人對你不好

獨立並不是不需要別人，
而是我們能照顧好自己，才能去付出。

越是不等著別人「對她好」的女人，越快樂。

我發現，很多女人的快不快樂，是來自於另一半對她好不好。如果對她不夠好，或沒有人對她好，她就會覺得自己過得不好。

但，如果你的幸福、快樂，或是自信、自我認同，都是來自於男人，那麼就算你得到了，也可能隨時會失去。難道，別人不給你了，你就什麼都沒有了嗎？

單身的時候，我很享受一個人用餐。獨自旅行時，我也會訂個不錯的餐廳，自己一人去吃個幾個小時的料理，開瓶紅酒慢慢喝。很多人問：「不會無聊嗎？不會孤獨嗎？」不會啊，我覺得很享受！

　　我不覺得一定要等到有伴侶才能去浪漫的餐廳用餐，才能去旅行，才能去實現心中的夢想。

　　我覺得，當你沒有那種「非得要別人對你好」的期待，當你有能力對自己好，能夠享受獨處，能靠自己發掘生活中的美好，不必非得要依靠別人時，是一種心靈的自由。

　　有人會誤以為，這樣的女人，是不是就不需要別人對她好了，也不需要伴侶了？並不是，獨立並不是不需要別人，而是我們能照顧好自己，才能去付出。

　　我們有能力愛自己，才能去愛人。而不是當一個只會乞討愛、需索愛的人。那樣，太累了！不只你累，對方也累。

　　當然，即使你能對自己好，也不代表你要忍受、屈就一個待你不好的人。

　　你給得起自己幸福、快樂，自然不需要一個讓你不幸、不快樂的人來拖累你的人生。

　　你懂得不需要跟一個不愛你的人討愛。因為你愛自己，你不缺愛、不亂愛（更別說那根本不是愛）。

　　當你越成熟，你會更加明白，兩個人在一起最美好的狀態，是兩個獨立、成熟的人，一起為彼此的人生加分。而不是互相拖累、消耗，膩在一起吵吵鬧鬧。

你會發現，越是不等著別人對她好的女人，越能創造自己生活的美好，也越能遇到值得愛的人。

總是等著別人對你好，是一件很辛苦的事。

做一個能對自己好，有能力讓自己幸福，能夠帶給自己快樂的人，為自己想要的生活努力。嘿！你還怕男人會對你不好嗎？

不用等著別人對你好，也不用屈就於別人對你不好。

能保障你的，
不是婚姻或愛情，
是你自己！

你人生的重點本來就不應該放在愛情和婚姻上，而是你自己！

常聽到有人抱怨：「當初他承諾的，後來都做不到。對方說要結婚，做不到；不跟公婆住，做不到，甚至拿錢回家養小孩也做不到……」更別說那種：「說永遠愛我，居然做不到！」

其實人在承諾的當下，都是希望可以做到的，但經過時間、人生的考驗，到最後不一定能夠實現諾言，更別說永遠了，你連未來是什麼都不知道，怎麼能輕易說出「永遠」這兩個字呢？

很多女人會把愛情、婚姻當保障。有了愛情，就放棄自我、不再努力經營自己的生活，以為有愛就會飽的人，沒了愛，只能餓死。

以為結了婚，就能得到保障，對方就不會變，但現代人的感情變化太快，說會養你一輩子的，可能只會養你一陣子（最後你發現自己養自己還比較快活），說愛你一輩子的，沒一陣子

又發現眞愛。朋友笑說，婚姻的保障是合法告通姦。

　　古時候的女人，認爲婚姻就是一輩子的保障，而現代人的婚姻，一輩子太難，還要當成保障？你買儲蓄險每年增息還比較保障。

　　這麼說來很悲觀嗎？並不是，你人生的重點本來就不應該放在愛情和婚姻上，而是你自己！好的對象、姻緣，都只是讓你加分，但並不是讓你從不爲自己努力，以爲有了愛情婚姻，就當作人生的一切。

　　把婚姻當作人生的依靠、幸福的終點的人，婚後會發現事實不然。就算現在很幸福，如果沒有好好經營感情，讓兩個人有美好的婚姻生活，過了幾年就會成爲枕邊陌生人，許多婚姻的問題也慢慢浮現。

　　事實上結婚證書並不是畢業證書，結婚只是一個起點，踏入了現實的婚姻生活，你會發現有更多挑戰、磨練，如果不用心，很快就不會在婚姻裡感到幸福。

　　更別說臺灣的離婚率這麼高，能夠幸福的機率很低，當你有這樣的認知，踏入婚姻時就應該更加謹愼。得到幸福，也要能一直幸福下去，而不是變成了怨偶、互相傷害。

「如果婚姻不能保障，愛情也不能嗎？」有人問到。

有朋友跟在一起多年的男友分手了，她媽媽罵她：「這不是很浪費、很可惜？」但是，跟一個不適合的人步入婚姻，枉費一生，才是真正的浪費、可惜吧！

有人會想：「在一起很久卻沒有結婚，是不是感覺很沒保障？」但是，結了婚就是保障嗎？並不是。

跟男人要保障，其實是很辛苦的事。你得到了承諾，得到了形式上的保證，也不代表他未來還是會繼續保障你。

那麼，什麼才是你的保障？看到朋友周品均分享一段話：「能保障你的，是你的存款和工作能力。」讓務實魔羯座的我深表認同。

不把婚姻當保障，並不代表你不須為婚姻努力、為對方付出，而是，你不把婚姻看做理所當然，也不當一個差勁的隊友。因為現代人的婚姻比起過去更不容易，才更要努力去經營幸福。而不是結了婚就擺爛，再怪對方為什麼不再像從前一樣愛你。

當我們希望對方可以依靠時，我們也要成為他最大的支柱。不是要求婚姻保障你，而是你要好好保護、愛護你的婚姻。

　　我們有愛很好，但是沒有了愛，還是能擁有自己的快樂。擁有幸福的婚姻很好，但如果沒有了，你也要有能夠好好生活的能力。

　　這世界上沒有誰必須愛誰，只有你自己不能放棄自己、不能放棄愛自己！

不要用貶低自己的方式
來得到讚美

我發現，有很多女生喜歡說反話或問問題測試男生。

反話像是：

「你覺得我會不會很胖？你是不是嫌我胖？」

「我穿這件會不會不好看，看起來好醜？」

「你是不是比較喜歡年輕女生，覺得我老？」

測試像是：

「你覺得那個女生正不正？」（陷阱題）

「你覺得她很棒，為什麼不追她？」

「那個女生漂亮還是我漂亮？」

很多男生說，最怕女生問這種問題，感覺怎麼回答都不對，講真話也不對，順著你回答也不行。只要回答不合女生心意，就馬上黑掉。所以寧可敷衍一下，說善意的謊言。

　　但其實，總是用反話、否定自己的方式來尋求對方的讚美（你不胖、你不老、穿起來好看、你最好……）這樣的討拍，真的是一件很沒魅力又沒有自信的行為。

　　硬逼對方回答你內心要的答案（故意把自己說差，讓對方說你好），對方連在你面前讚美一下別人都要生氣，總是要比來比去、地雷一堆。

　　再怎麼美麗的女生，也會讓人幻滅，讓愛你的人覺得好累。

　　我常覺得很奇妙，因為我自己是不會去問對方這一類的問題，我只會說：「你看，我穿這樣美吧！」每天催眠另一半：「你最愛我了！」就算邋遢時也是自信心爆棚，犯傻也笑笑說：「我是大智若愚耶！」

　　我不需要用貶低自己的方式來期待對方的認同，或故意問男生莫名其妙的問題，來測試他是不是愛自己。因為這真的很～無～聊！

　　如果你希望對方肯定自己，那就先學會接受自己、欣賞自己、肯定自己吧！

　貶低自己並不會得到對方對你的肯定，只會讓他更注意到你在意的缺點，說實在的，他愛你，根本不在意你多兩公斤好嗎？

　討拍跟吃醋一樣，或許偶爾玩玩是一種情趣，但如果總是在討拍和吃醋，那真的會讓人覺得在一起好累。

　測試感情也很幼稚，他愛不愛你才是重點，何必和別人比？難道他只是因為路人比較美，就不愛你嗎？

　何不就當個落落大方的女生吧！肯定自己的優點，接受自己的好與不好，相信自己值得被愛。不要在男人面前當一個愛比較、愛生氣、瞧不起自己的女生，好嗎？

　自信和魅力並不在於你有多美，而是你能相信自己的美好，把自己的人生活得更美！

不要當大眾情人，
而是尋找你的小眾市場！

　　常會有讀者問到沒自信的問題，大部分都是覺得自己並不是大部分男人或女人的菜，覺得在愛情市場裡不吃香而感到緊張，甚至否定自己。

　　有的女生說：「我就不是又瘦又白眼睛大的女生，不是男生喜歡的類型。」

　　有的男生說：「我很安靜話不多，不是女生喜歡的那種風趣幽默的男生。」

　　他們都覺得，要走「大部分的人都喜歡」的大眾情人路線，才能找到愛情。但是，你仔細看看你所認識的人，真的是帥哥美女就保證幸福嗎？並不是啊！

　　其實，越要走大眾路線、大海撈針，你才越難找到真的懂你、了解你的人。如果，你要假裝成大眾市場，去當一個不像

自己的人，那你吸引來的，也不是真的喜歡你的人啊！

不如自信的告訴自己：「我就是小眾市場，喜歡我的人不必多，只要一個真的懂我的，就夠。」不是嗎？

♥　　　　♥　　　　♥

我常開玩笑，以前我也遇過男生受不了我怎麼那麼會吃（吃得不比男生少），也有男生嫌我不夠文靜，為什麼要笑那麼大聲、這麼愛講話（他們喜歡靜音模式的女人）？也有男生喜歡紙片人，不愛我有點肉（有胸有屁股也被嫌），也有男生不喜歡我的獨立，喜歡什麼都要靠他、黏他、沒他就不能活的女生（不煩嗎？）那時還真的會自我否定，哈！

現在想想只覺得好笑，還好我清醒得早！我也遇到了欣賞真我的人！開心當吃貨、大聲笑，做自己，在愛裡還能當個獨立自主又快樂的人，而且，現在早不流行紙片人了啦！

老實說，要這麼多人喜歡、這麼多人追幹嘛？真正愛的，只要一個就夠。你的市場越小，反而更容易找到適合你的。

最快樂的愛情是，你愛你自己，他也愛這樣的你。

至於那些不喜歡你的人，你又何必在乎他們？他不欣賞你，那就算了啊！

你不是他的菜，他也不是你的菜啊！

（雖然，做自己很棒，但提升自我也是重要的事喔！）

你有價值，
別人才會重視你的付出

常聽到許多人抱怨：「我對他付出那麼多、對他那麼好、什麼都讓他、我做到死……為什麼他還是不珍惜、不愛我？」

我們常看到很多人拚了命的去討好、去犧牲，把自己的人生活得很悲劇，但為什麼換不到他想要的愛與尊重？

曾經我也有過這樣的疑惑，後來看過太多悲慘故事，我發現，原來得到愛情的方法並不是拚了命去討好對方，為了他而活，而是，你要先讓自己成為「值得」的人，也就是我常在書裡寫的：「經營感情之前，先經營自己！」

如果你把自己活得很糟，拚了命的付出，只希望對方基於「良知」和「同情」而回報你、愛你。譬如說，為了愛情婚姻，放棄自己、失去自我，甚至你也不尊重、不珍惜自己了，又怎麼能期待對方會尊重你、欣賞你呢？

有時候，別人對待你的方式，就如同你對待自己。如果你對自己很差，不尊重、不珍惜自己，那麼，你也得不到他的尊重

和珍惜。

如果你沒有愛自己的能力，對方也不會好好愛你；你讓自己沒原則，別人也就不會尊重你；你沒有自己的價值，你的付出就不會受到重視。不只在愛情婚姻、職場、生活上，皆是如此。

當然，付出是對的，但是掏空自己、討好別人，從來不是「換取」愛的方式。甚至，你只是在情緒勒索：「我對你這麼好、我犧牲這麼多，你怎能不愛我？」

在愛情之前，先讓自己成為一個值得被愛、值得有質感的愛情、值得被尊重的人。

好好經營自己、提升自己，讓自己成為一個有能力的人。無論是生活、工作和愛情，當個有能力的人，而不是總是去「要」的人。

你可以去愛人，可以去付出，但如果受到不尊重、不公平的對待，你也可以瀟灑的離去。因為你知道，你值得更好的人生、更好的愛情。

不要別人同情你、憐憫你，也不要把自己活得很糟，更不要以為別人必須為了你很糟的人生負責。

與其花時間抱怨、感嘆、憤慨那些不夠愛你的人，不如把時

間拿來好好經營自己、提升自己，創造自己的價值。

　　你愛惜自己，別人才會愛你，你有價值，別人才會珍惜你的付出。至於那些不珍惜的人，又何必浪費美好的生命在他們身上？

　　做個有能力「給」的人，給得起自己，也給得了別人。

　　勝過總是跟別人「要」，不是嗎？

　　有選擇權的人，才能得到尊重。別讓自己的付出變得廉價！

控制別人，
不如控制自己

成熟的愛是，我們不要勉強去占有、控制對方，而是學會
互相尊重。

　　跟讀者聊到「安全感」，很多人會說，因為沒有安全感，變
成了控制狂。也有人擔心，不去占有怎麼能抓住對方？

　　其實，在經歷了許多之後，會發現因為控制得來的愛情並不
長久，勉強彼此也只是互相折磨，不會快樂。

　　當你想控制別人，你就不會快樂。

　　讓自己活得緊張兮兮，這樣的愛太辛苦。能夠彼此信任，
才是美好的愛情。成熟的愛是，我們不要勉強去占有、控制對
方，而是學會互相尊重。

　　如果你盡力、努力了，最後還是失去，代表他本來就不屬於
你。我們勇敢去愛，也要有接受失去的勇氣。

　　與其談著不快樂的愛，不如找回快樂的自己。因為，當控制
狂一點也不可愛啊！

　　把控制欲放到自己身上，努力讓自己更好，這才是最有收穫
的！控制別人，不如控制自己。

另一方面，我覺得「管別人，不如顧好自己」。

常聽到有人在生氣、抱怨對方跟別人曖昧，為什麼要在臉書留言給誰、為什麼要加誰好友（曖昧對象或前任）之類的，吵也吵不完。

看看還年輕的他們，我都很想拍拍他們肩膀說，姐也是過來人，年輕時我也曾為這種「小事」弄得自己不開心、吵架，而現在，我絕對不會浪費時間、力氣在那樣的人和事情上。

因為，你只是不想承認，他沒那麼愛你，沒那麼在乎你。你非得要他去證明什麼來表示愛你，那都不是真的。只有他心甘情願、自願去做什麼才是真的。

好的伴侶，不用你去管，不好的，你管也沒用。

對的人，你不會想管他，錯的人，你綁他在身邊，他也不一定愛你。

如果總是要花力氣去管對方，你才有安全感，不如把時間力氣花在自己身上，去提升、經營自己。讓自己變得更好、更有自信，在工作和專業上更有表現。那不是更踏實？

有人問：「如果變得更好、更有自信，他就會更愛我嗎？」沒有絕對，但與其追著人跑，還不如讓自己好到讓對方想追著你跑。

害怕失去他，不如讓自己優秀到對方捨不得失去你。而且說不定，你讓自己變得更好、更有自信，也不會想再黏著那個不夠愛你的人了。

　　說到底，還是要有自信，而自信就是經營好自己。

　　管別人，不如管好自己、顧好自己。不怕失去對方，對方才更怕失去你。

　　輕易就能失去的，也不是真的愛你，一點也不用可惜。

　　不用管別人你會更快樂。不用一直管東管西的女人，更有魅力！

丟掉過去，
成為更好的自己！

　　有個朋友跟我說，我婚後變得比以前好，他說我脾氣、個性改了很多，現在整個人跟過去都不一樣。還有個曾經對我不了解、有偏見的人，現在與我相處後，說與他聽說、想像的不同。

　　哈，我笑說，我以前可是一個難搞的人。但因為現在成熟了，也遇到好的另一半，所以我願意當一個更好的人。

　　人或許不容易改變別人，但你可以改變自己。

♥　　　　　♥　　　　　♥

　　過去的你，可能不夠聰明、不夠好，但是，只要你願意努力，你都可以改變，成為更好的自己。

　　我們都蠢過，也都犯過錯、經歷過挫折，但，只要我們願意

改變就都能成長。那麼，又何必執著於過去的錯誤呢？

　　或許，有的人會拿你過去的愚蠢笑你、拿你的失敗來傷害你、拿你的傷痛來羞辱你，但你千萬不要掉入陷阱，也不要去爭辯、計較，而是優雅的站起來、往前走！讓自己更好，更茁壯。過去不會是你的包袱，會困住你的，不是別人，而是你自己。

　　我常跟讀者說，新的一年，不如丟掉那個過去的自己。把壞的、不幸的、執著的、痛苦的，都拋下吧！

　　只有你決定要改變自己，才能改變人生！

　　現在的我，很慶幸自己面對很多難關時，選擇用更積極、正面的態度，「選擇」讓自己往更好的方向前進。

　　不要浪費時間去糾結、爭執、喪氣，不去困住自己，不浪費時間跟他人瞎攪和。而是，為自己努力、找到對的路，往前走。

　　告訴自己，我要成為更好的人！其他不重要的、沒意義的，就讓它去吧！

我常笑說，摩羯座沒什麼，就是意志力特別堅強。決定要改變，就去努力，決定要更好，就前進，決定要幸福，就好好去創造、去經營。

丟掉過去，成為你更喜歡的自己，Move on!

愛自己，
不是當個自私的人

做自己，不是去傷害別人，愛自己，不是為了讓別人更愛你，
而是，不管有沒有人愛，你都有愛的能力。

　　關於「做自己」和「愛自己」，總是有很多人會抱著不同的
想法，有的人正面解讀，也有人會負面解讀。我覺得這是因為
每個人的想法、價值觀不同，所以會有不同的認知和看法。

　　說到做自己，很多人不知如何「做自己」，但也有的人太做
自己，因而傷害別人。沒錯，他也是「做自己」啊！到底哪裡
出了問題？

　　能夠「做自己」當然好，但是太過「做自己」，用自我的價
值觀去限制他人、否定別人。那不就變成傷害了嗎？

　　我們不得不承認，能夠「做自己」很好，但，如果我們的
「自我」並沒有那麼美好，會傷害到別人或傷到自己，那麼，
我們更要做的是「提升自己」。

　　讓自己成為更好的人，去做一個更好的自己，才會讓「做自
己」更有意義！

　　能夠做自己而不傷害別人、不造成別人的困擾，甚至讓人喜

歡你眞實的自我、與你相處，這樣的做自己，才可愛！

就如同「愛自己」，也有的人因爲「只愛自己」，而成爲自私的人，甚至傷害別人。沒錯！他也是愛自己啊！不是嗎？

我認爲不是，我多年前寫過《愛自己》這本書，也講了很多用「正面」的角度來實踐愛自己的觀念。人要先愛自己，這是一個基礎，你才有能力去愛人、去付出愛。

愛自己本來就是一個人的基本，你眞心接納自己、與自己相處，才能得到快樂。快樂，是先內求，而不是外求。幸福，也是你先給自己，不是跟別人要！

若有人認爲的愛自己是負面的解讀、行爲，那是個人價值觀的問題。任何事物，每個人都會有自己的解讀方式、看世界的角度，但愛本來就不該是負面的，不是嗎？

你可以用負面的角度去解讀，然後去傷害別人，你也可以用正面的角度去解讀，提升自己、幫助別人。這些都是你可以選擇的！

很多時候，你看待事物的角度、態度，決定你的高度。

你可以選擇正面，也可以選擇負面，你可以提升自己、幫助別人，也可以傷害別人、做個自私的人。這都是選擇。

愛自己，不是為了讓別人更愛你，而是，不管有沒有人愛，你都有愛的能力。

　　我一直覺得愛自己是一個基本，無關愛情、婚姻，而是你對自己的責任。當你愛惜自己、尊重自己，自然不會接受那些不珍惜你、不尊重你的人事物。

　　當你有愛的能力，內心是豐盛、美好的。你才有能力去愛人、去付出，而不是乞討愛、等待愛，沒人愛會死（即使那根本不是愛）。

　　美好的愛是先給自己幸福，你先活得幸福，你才能創造自己要的幸福人生。

　　愛是知足，付出是幸福。

　　面對自我、面對不美好的自己，不是一個容易的課題，我們都會犯錯、都不可能完美。都有低潮，都會難過。

　　但我們能做的是，愉快的做自己而不去傷人，努力變成更好的「自己」，甚至接受自己的不完美，坦然自在的與自己相處，爬出低谷！

努力做好自己、愛好自己，然後再把你的愛和快樂散播給別人，不只是希望自己好，也不只是獨善其身，而是你樂於去愛、去付出。

我想，這才是一個更成熟、最快樂的「做自己＆愛自己」！

當你嫉妒時，
再美麗都沒了魅力

　　常有人說自己談了戀愛就很容易失去自信。觀察發現，她們很容易嫉妒、吃醋，拿自己跟別人比較。

　　尤其是女生，發現男友多看漂亮的女生一眼，FB按美女讚，就會暴怒：「她漂亮還是我漂亮？」或愛跟對方的前任做比較：「你比較愛她還是愛我？」又或者一見到對方的異性朋友、同事就當成是假想敵，看到條件好一點的女生就忍不住酸，見一個嫉妒一個，時時刻刻怕自己的另一半會被吸引、愛上別人。

　　我曾看過許多大美女，還是會在意男友身邊的女生是不是比自己漂亮。在那當下，再怎麼漂亮，頓時都失去了魅力。

　　我常會勸她們，拿自己跟別人做比較是很沒意義的，既然他愛的是你，你就要對自己有自信，不是嗎？除非他本身就有問

題，那你該做的不是去嫉妒、生氣，而是放生。

　　我聽過不少男人說，最怕莫名其妙妒火中燒的女人。這種女人總是愛生氣，讓人不敢說實話、不想溝通，甚至吵著吵著，就覺得別的女生比較可愛了。

　　曾有人問：「如果看到另一半在FB、IG上追蹤或對漂亮女生的貼文按讚，會不會生氣？」我笑說：「我才不會花時間去查、去管，如果有質感的、漂亮、有才華的女生，我也會樂於跟他一起欣賞。」我不覺得是威脅，看到有魅力的女生，我也會欣賞、讚美。

　　「不怕他去欣賞、喜歡別人？」不會啊！怎麼對自己那麼沒自信呢？（說真的，會跑的就會跑，會愛你的就會愛你，強求不來的。）

　　拜託，你把去查勤、監看另一半網路動態的時間，拿來做一些對自己更有意義、成長的事吧！

　　愛拿自己跟別人比，只會貶低自己的價值，降低自己格調。

有時間去吃醋、嫉妒，不如把時間拿來讓自己更好，讓他更欣賞你、讓你更愛自己！不是嗎？這才是最務實的！

　　不要去當一個愛嫉妒的女人（或男人），多把重心放在自己身上，把嫉妒、吃醋、酸人、罵人的時間精力拿來提升自己，就算有缺點，也讓對方覺得你的缺點好可愛，哈！

　　小吃醋或許是情趣，但總是愛吃醋，只會讓人害怕抗拒。
　　相信對方對你的愛，不要去比較、不要愛生氣，你的灑脫和自信，會讓你更可愛、更有魅力！

♥　　　　　♥　　　　　♥

　　本人就是走「矮得很有自信」的路線，另一半笑我矮，我都說：「我不矮，怎能顯得出你的高？」
　　他唸我記性差，我就說：「我記性不好，是為了襯托出你的記性好。」哈哈哈！缺點也不一定是壞事啊？不是嗎？

愛你的人，
不會讓你覺得卑微

有一天你會懂，真正愛你的人，不會讓你覺得卑微。
而是讓你們的愛高貴！

　　許多人來信會問，被分手了無法好好生活，太想念對方了，
要怎麼去挽回？但其實，他們明知道對方很差勁、不夠愛他、
愛上別人了，甚至還羞辱他，那又為什麼還想要挽回？

　　親愛的，不管你怎麼求，他都不會愛你的。就算短暫的假性
復合，還是痛苦，最後通常會是同樣的原因再度分手。

　　不管你多愛一個人（或你誤以為愛，其實只是不甘心），當
你把自己放到最低，任由予取予求，不斷原諒退讓，最後，你
也不會得到他的尊重。

　　就算你硬要強求，在一起也不是平等的關係。他不是欣賞
你，而是同情你，甚至厭煩你。最後連你都討厭起你自己！

　　朋友說：「愛情，現實點就是不要的最大！」

　　如果，可以決定要不要的人是他，你只能愛得卑微，祈求他
不要分手、不要愛上別人……這段關係也不會讓你多快樂。

但，為什麼會愛得卑微？不能愛得有自信？為什麼你怕他不愛你，而不是他怕你離開他？

人生也有很多翻轉的機會，曾經卑微的人後來強大了自己，提升自己的價值、能力和閱歷，讓自己值得更好的人來愛，得到幸福的例子也是有。曾經被另一半當作糟糠妻的女人，卯起來向前邁進，離婚後嫁得更幸福的更是有。

以前可能你暗戀某個男生，對方根本不甩你，過了多年後，你又美又有腦袋，充滿魅力，結果遇到當初喜歡的男生（居然走山了）來約你，你也不想要了。

以前可能愛上錯的人，在他身邊做牛做馬，也得不到他的關愛，讓你失去自信。但是當你遇到了對的人，你才知道愛你的人會尊重你、珍惜你，而不是要你犧牲放棄什麼才能「換」得愛。

漸漸的，你懂了。真正的愛是一種平等，是一種勢均力敵。不是誰該聽誰的，不是單方面的付出。而是當你越有價值，你的付出才越受重視，你越提升自己，你才配得上有質感的愛情。

我常說的，你要去扭選情勢，而不是被情勢所迫。當你越有足夠的自信和力量，當你相信自己應得幸福快樂，你就不會讓

不夠愛你的人來踐踏你（滾開不要擋路！）

你問卑微得不到愛，該怎麼辦？

我說，不要去討愛，不要去求他。而是狠狠的離開他，讓自己好好生活、努力向上，變得更好，變得更值得美好生活，更值得好的人來愛你。

相信我，到了那個時候，你就根本不稀罕他了。

（現場有一百個觀眾可以舉手告訴你，他們也是過來人，哈！）

有一天你會懂，真正愛你的人，不會讓你覺得卑微。而是讓你們的愛高貴！

另一個層面來說，愛你的人，也不是只給你糖吃。

曾與一位男生朋友聊到什麼才是好伴侶，擁有幸福家庭的他說：「愛一個人不是只有保護他、寵他，讓他什麼都不會，只要餵養他幸福。

而是，你希望他成長、變得更好。即使他追求夢想會辛苦，即便他會遇到挫折，但是，你仍鼓勵他，給他最大的支持力

量！讓他在愛裡成長！」

　　真的為你好的男人不會說：你什麼都不要做，我養你就好。而是，他希望你有夢想、有自信，能與他並駕齊驅，他希望你變得好，也懂得給你掌聲。當然，這兩種都是好，只是不同層次的好。

　　一種愛是給你糖吃，另一種愛是，讓你學會品嘗過苦澀，知道怎麼讓生活更甜美。才能創造屬於你的甜蜜人生！

　　當你愛一個人，你不會說他不夠好，否定他，或只要他接受、臣服於你的好。而是，你們願意面對彼此的不足，讓彼此變得更好。

生活本來就不完美，

學會把苦澀變成屬於你的甜蜜人生。

沒有天生完美的伴侶，

而是你們願意為不美好的彼此努力。

謝謝對你好，也希望你更好的「好伴侶」，

最重要的是，你也是自己最好的伴侶！

幸福，有很多種層次：

擁有夢想，有個人支持你實現夢想，

或者，有一個能跟你一起完成夢想的人。

做一個有「選擇權」的女人！

人生在你手裡，你可以選擇要或不要，可以選擇愛情事業兼得，也可以擁有自己的麵包和愛情，誰說你只能選一樣？或你只能被選？

　　常接到許多讀者的來信問題，我發現有很大多數的人，認為自己是一個沒有「選擇」的人。就算遇到了不愛她、傷害她的人，甚至對方都不要她了，在婚姻裡遇到了家暴、外遇，她還是寧願困在這個死胡同，不認為人生還有其他可能和選擇。

　　有的人感情遇到了第三者，她會要自己的伴侶去做個選擇：「選她還是選我？」但，你怎麼不去想，既然他都不愛你、傷害你了，你為什麼還要「給他選」，而不是你自己選擇要不要他？

　　你會發現，沒有自信的人，在感情裡總是把自己放到最低，甚至沒有自我，凡事配合委屈，做那個沒有「選擇權」的人。

　　有的人在婚姻裡被婆家欺負、糟蹋，還是任由對方予取予求，讓自己受盡委屈，然後再來訴苦抱怨。她們難道沒想過，在這個年代，你可以選擇你要的人生、你要的婚姻？你也可以「選擇」不要被欺負，為什麼放棄自己的「選擇權」？

你也聽過不少婚姻不幸福，卻不敢或不能離婚的人，因為她們放棄工作、沒有經濟能力，只能依靠對方，所以她們覺得自己沒得選，只能為了小孩忍受。

聽多了這樣的故事不斷在我們身邊上演，你會不會覺得，在這個年代，擁有「選擇」的能力和權利是多麼重要的事？

女人，當你想要擁有理想中的人生時，最重要的就是要讓自己成為一個有能力選擇的人。你要擁有選擇權，而不是被命運操弄、被別人控制、被選擇。當你想要創造出自己想要的幸福生活，你更要做一個有勇氣和力量的人，而不是人云亦云，聽從別人、被牽著走，甚至，被迫做出自己不想要的決定。

做一個有能力選擇的人，你才能創造自己要的人生，你也才有能力丟掉你不要的、阻礙你的、消耗你的人事物，你也能跌倒了再勇敢的站起來，為自己的人生奮戰！

要怎麼去做一個有「選擇權」的人？第一件事就是你要有經濟自主的能力。

如果你需要伸手跟別人要錢、需要仰賴別人，那你根本無法獨立、自主，這時候又怎麼能去做「選擇」呢？經濟上要獨立，要有能夠靠自己生存的能力很重要，就算你運氣好，生在富裕的家庭或另一半願意養你，但你永遠不能預知未來會發生

什麼事，有一天都沒有了怎麼辦？

更何況，能夠買自己想要的東西，不用經過別人同意，不是一件很爽快的事嗎？

我也曾見過不少表面上嫁得不錯的女人，但是買東西都要經過另一半同意，甚至想買個貴重一點的東西，還要凹對方。婚前曾遇過一個女生，她說她跟老公求了很久，老公才給她買一雙名牌鞋，旁邊的友人紛紛說：「真好～」我覺得很訝異，心裡只覺得：「我想要的東西，自己買不是更好？」努力工作賺錢、花自己的錢不用求別人，不是更自由、更快樂嗎？根本不需要考慮另一半要不要買給我這件事，因為我自己買，不需要經過別人同意。

當然，有人寵你、對你好是好事，但是自己有能力去得到自己想要的東西、想過的生活，那是一種更快樂、更有成就的事！況且，我也有能力送另一半禮物、請他吃飯，用我自己賺的錢，能夠付出我也很開心啊！

許多人因為沒有經濟自主權，所以不被尊重，甚至不被珍惜。如果你想要自己的人生有「選擇權」，擁有自己的經濟能力很重要。並不是說你一定要很富有，而是不管發生什麼事，你都能靠自己好好的活下去，靠自己生存。

再來，我覺得擁有「選擇權」是一種內心強大的力量。你要讓自己隨著年紀成長，不斷的進步，變得更聰明、更有智慧，內心更強壯。

　　很多人不相信自己能夠選擇想要的人生，最大的原因就是心靈太過脆弱，所以把「選擇權」交給了別人。當然，我們並不是生來就是聰明、有自信的，這是需要不斷練習的。

　　當一個內心強大的人，是要經歷許多挫折、挑戰，最後成為一個更有韌性、更成熟的自己。於是，你才會知道自己要的是什麼、不要什麼。

　　常常我們會遇到「宿命論」者，有的人怨嘆自己命不好、總是遇不到好男人或女人、總是遇到小人……其實你會發現，很多事情都是自己的問題。每個人都會遇到不好的人事物，但是，遇到了之後，你怎麼去取捨、去處理，那就是你的「選擇」。

　　想要拿回自己人生的選擇權，而不是讓那些爛人來選擇要不要你、要不要毀了你？那都是你自己的「選擇」。你做了對的選擇，才拿得回自己人生的選擇權。

　　最後，我覺得特別是女性，最重要的是你要維持自己的市場價值，也就是競爭力。

你要讓自己的內在提升，外表也要努力維持。一個成熟的女性還能保持優雅的美貌和氣質，靠的是努力和自律。當然並不是要跟年輕女孩比美，或矯枉過正，過度減肥整型成另一個人。而是，讓自己老得很美麗、很有個人氣質。

內在和外在都一樣重要，尤其當你在職場上，維持外在的專業度也會令你加分，外表、體態好，健康美麗也會讓你更有自信。最重要的是，不要因為結了婚就把自己變成黃臉婆。

維持外表的美好狀態，並不是全為了另一半，而是為了你自己。你越有自信、有魅力，另一半也會一直「欣賞」你，為你著迷，這也可以讓感情加溫，不是嗎？女人維持自己的競爭力，不只在你的能力、智慧，也在你的外表，就算有一天感情變了、對方離開了，你還是一樣可以漂漂亮亮的活下去，而不是為了感情失去自己，最後連自己都不喜歡自己了。

對男人來說，他們愛你、為你著迷，並不是因為你「沒有選擇」，而是，你可以有更多選擇，但是你「選擇」了他。

在一段關係裡，你是有選擇的。你被傷害了，不是他選擇不要你，而是你選擇轉身離去。這才是最重要的！

擁有選擇權讓你更快樂、更自信，也更有魅力。人生在你手裡，你可以選擇要或不要，可以選擇愛情事業兼得，也可以擁有自己的麵包和愛情，誰說你只能選一樣？或你只能被選？

拿回你的人生選擇權，你才有主導自己命運的能力！

PART

4

關 於 愛 情

有質感的愛情，
才能創造有品質的生活

你的愛情讓你的生活一團亂嗎？你的婚姻讓你厭惡你的人
生嗎？

你一定有過這樣的經驗：因爲愛上錯的人，發生一連串很
瞎的事，搞得自己心浮氣躁，生活變得一團亂，什麼事都做不
好，甚至，一點也不像自己了……

跟朋友聊到過去曾談過的糟糕戀愛，許多人都笑說，那大概
是人生最混亂、悲慘的時候吧！因爲被愛沖昏頭，就會去做一
些傻事，譬如說放棄自己的朋友圈、跟家人鬧翻、借錢給對方
搞到自己負債、學業無法專心、工作沒辦法好好做、花了太多
時間在戀愛上，結果自己失去了重心……

有的人因爲遇上第三者，花了很多年時間跟對方在那裡糾
纏、抓姦，在愛情的多角戀中，浪費了美好的光陰，甚至失去
了自信。最後，當然也失去了愛情。

有的人只要一談戀愛就會盲目的投入，所以只要一爭吵、失
戀，就會覺得自己活不下去，於是就去買醉、傷害自己、做一
些自己會後悔的事。明明對方不愛自己，還是戳瞎了眼去愛。

　　有的人只要一愛上對方，就會把愛情放在第一位，工作也不認真，隨時都想蹺班、約會，凡事都以愛情爲重，不爲自己的未來著想。最後失去了愛情，也讓自己在事業上跌了一跤。

　　有的人愛上了有婦之夫，不小心當了第三者，活得很沒尊嚴、沒價值，甚至會貶低自己，活得沒名沒分，也得不到心中想要的愛情或婚姻，而最後讓自己受害、受苦，生活只繞著對方的謊言轉，沒了對方，就迷失了自己。

　　隨著年歲增長，你會慢慢發現，談了幾場戀愛，看過許多人的愛情後，原來，談一個好的或是壞的戀愛，差距會如此大，就像是與對的人或錯的人在一起，結對婚或結錯婚，都會深深影響到你的生活，甚至人生。

　　從前以爲多麼愛對方，卻讓自己生活一團亂的愛情，現在想想，也很像鬧劇一場。

　　直到有一天，你眞的讓自己變得更好了，遇上了對的人，談一場有質感的戀愛，你才會恍然大悟。美好的愛情，並不是風風雨雨、可歌可泣、害怕失去，而是平穩而踏實的安全感，那一種平實又平靜的幸福，才能讓你可以安安穩穩的生活，專注於你的事業，讓你無後顧之憂的去前進，去變得更好。

　　一個對的人，會支持你、肯定你，而不是否定你、消耗你。

原來，有質感的愛情才能讓你好好生活，而你才有力氣去經營、創造更有品質的生活，你們才能一起前進，一起為更好的未來努力。

所以現在看到許多單身的朋友，我並不會勸他們趕快找對象、談戀愛。而是，讓自己好好的生活，提升自己，不用為了趕著戀愛結婚就隨隨便便。

因為看過太多原本單身的時候過得很好的女生，因為嫁錯了人，好端端的從各方面都很優異的女生，變成了連續劇般的苦情女主角，困在悲慘的婚姻裡被糟蹋、受委屈，還很難過的離開。原本漂漂亮亮、充滿自信的女生，最後變成滿臉滄桑、心有不甘的怨婦。

除了女生外，當然也有男生因為談了戀愛，愛上一個總是找自己麻煩、有公主病的女朋友，也因為擺脫不了，所以花了大把的心力在照顧公主，沒有時間好好工作，也沒有自己的時間和朋友。他們的愛情，建立在控制和囚禁之上。

而這些人，因為「愛情」和「婚姻」，讓自己的生活品質下降，也讓自己的素質降低，整個人的狀況都變得很差。那麼，為什麼要跟會消耗自己的人在一起，而耗損你的美好人生呢？

年輕的時候或許不懂，以為這種「消耗」是一種愛，是愛情

的淒美、犧牲，逼著自己去做不想做的事，勉強對方去配合我們，兩個人互相逼迫彼此，就是愛情。

但現在年紀漸長，你會懂，真正的愛不會讓你「累」，而是讓你更有自信、更有正能量，你所做的任何事，都不是勉強來的。因為你懂，勉強來的、硬要改變的，那都不是真正、長久的愛。

如果你想要讓自己成長、變得更好，朝著自己理想的生活邁進，那麼，你更不應該隨便去愛。談一場沒有質感的戀愛，只會讓你變得更差，更不快樂，最後失去了愛情，也失去了自信。

有質感的愛情才能創造美好與快樂的生活，跟一個有質感的伴侶在一起，你也會努力讓自己變得更好，你們才會有共同的方向，一起去努力、前進。

就像我曾經寫過的，好的伴侶也像是「益友」，他會是你最好的戰友、隊友！你找一個對象，他的質感、人格、品行是最重要的，一個有質感的伴侶，才能引領你往更好的人生邁進。

仔細想想，你的愛情讓你的生活一團亂嗎？你的婚姻讓你厭惡你的人生嗎？

不要被沒有質感的愛情破壞了你的美好人生，讓你變成自己

討厭的人，談著討厭的愛情，消耗你的生命，破壞你的自尊。

好好想想，你要的是什麼？

有質感的愛情，才能創造有品質的生活！

愛情，
從來不是雪中送炭，
而是錦上添花

當我在最差的狀態下，談的愛情都不健康、不快樂，而當
我懂得提升、改變自己，才遇到真正的幸福。

　　問到想要戀愛的人，想要什麼伴侶？他們會說：「對我好、
懂我、愛我，讓我幸福快樂。」

　　而當我問他：「你對自己好嗎？懂自己嗎？愛自己嗎？你能
讓自己過得幸福、快樂嗎？」許多人都搖搖頭說：「就是單身
不快樂才想要愛情啊！」

　　但是，現實是，如果你無法過得快樂、給自己愛，你也無法
找個愛人來拯救你，也無法帶給他快樂。

　　不要期望能在自己最不好的狀態下，找到一個人來拯救你，
因為當你狀態不好、失去判斷力，就越容易遇上一場騙局。

　　在這個年代，愛情和婚姻都不是拯救你的方法。

愛情不是雪中送炭，越是如此，你沒愛會死。你越把對方當作人生重心，你就會失去重心。

美好的愛情，應該是一種平等、獨立而互惠的關係，你們各自獨立又互相需要，能夠陪伴也能享受獨處。

「花若盛開，蝴蝶自來」，你夠美好、活得充滿愛，吸引到的愛情，才是如你愛自己一般的愛你。

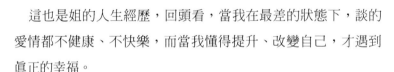

這也是姐的人生經歷，回頭看，當我在最差的狀態下，談的愛情都不健康、不快樂，而當我懂得提升、改變自己，才遇到真正的幸福。

曾寫過：「當你自己是對的人，你才會遇到對的人。」

你要活得充滿愛、能付出愛，而不是去「討愛」。

你不委屈自己，就不會讓人委屈你，你尊重自己，就不允許別人不尊重你，

你給自己足夠的愛，就不怕別人不愛你。

你若相信自己值得幸福，又怎麼會浪費時間在不愛你的人身上？

在埋怨對方不夠愛你時，好好想想，你是不是讓自己內心窮得只能跟他討愛？

在怪罪別人踐踏你時，好好想想，你是不是讓自己躺在他的腳下給他踐踏？

其實，讓你不幸福的，不是他，而是你自己。

有一天你會想透，你該期待的不是愛情，而是一個更好的自己！

你讓自己怎麼活著，你就會怎麼被愛著。

當你懂自己、尊重、愛惜自己，能讓自己快樂，愛情和婚姻只是你的加分題，

於是你不會沒有人愛、沒有誰愛會死，

你不需要雪中送炭，不需要誰來拯救，美好的愛是先給自己幸福，愛則是錦上添花！

他可以選擇不愛你，
你也可以選擇不被他糟蹋

　　最近許多讀者的感情問題都讓我聽了難過，難過的不是感情的變化，而是，當對方表明不愛你了，你還讓自己躺在他腳下被他糟蹋。

　　你會疑惑為什麼人會變、你會不甘心曾經愛過、你會執著於對方為什麼要做傷害你的事，但你就是不能接受他不愛你的事實。

　　親愛的，痛苦比快樂多，那並不是愛。如果對方總是羞辱你、否定你、批評你，那是傷害，也不是愛。

　　或許你對人性失望，對愛情失望，但，不愛就是不愛。不管你有多好、對他有多好，他就是不愛，這是選擇，不是好壞，也不一定是對錯。

　　成熟一點的我們，學會接受對方的選擇，也相信自己擁有

選擇的權力。他沒選你，並不是你不好，而即便一個人對你再好，你也不一定會選擇他。

　　他可以選擇不愛你，但你也有選擇，你可以選擇接受、選擇不再被傷害、選擇珍惜自己。

　　對於不愛你的人，你並不是沒得選。

　　把人生的選擇權都交給對方，你並不會得到珍惜和尊重。

　　　　　　　♥　　　　　　　♥　　　　　　　♥

　　你要不要快樂，都是你自己選的，不是別人「害」你的。

　　對方愛你，並不是你沒有選擇，而是你有更多選擇，但你選擇了他。

　　對方不愛你，你也可以選擇放下執著，不再糟蹋自己。

　　別躺在別人腳下抱怨了，站起來，走出去，拿回人生的選擇權！

一個人愛你，
不會總要你放棄什麼

有一天你會懂，用犧牲來交換的愛，並不是愛，用放棄自我來成就的愛情，也不是真正的愛。

　　不成熟的愛情，總是拚了命想要討好對方，忍痛放棄些什麼、違背自己的意願，成為他喜歡的樣子，認為這樣辛苦艱辛，才是可歌可泣的真愛。

　　你會逼對方、逼自己，你要他去做什麼來證明愛，把控制當浪漫，忍耐當大方，犯賤當愛情。

　　年歲長了，有所歷練，你才懂，真正的愛，一點也不需要這麼累。

　　你不會勉強對方，勉強自己。你的付出，不是為了交換，你們都會心甘情願，而不是彼此逼迫。你可以做自己，他又懂得欣賞真正的你。

　　成熟的愛情，讓你更喜歡自己，讓你變得更好，讓你們一起在愛裡成長。

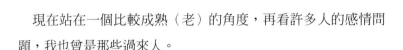

　　現在站在一個比較成熟（老）的角度，再看許多人的感情問題，我也曾是那些過來人。

　　曾經我也是那個總是為愛情而急著去放棄什麼的人，害怕對方不喜歡、不滿意，而無法做真正快樂的自己。

　　曾經我也為了要與對方在一起，想放棄我喜歡的寫作事業，只是因為對方不喜歡我太受歡迎，但後來，我放棄的是他。因為我覺得，如果他不能支持我、鼓勵我，只希望我不要太受歡迎，那應該是他的問題，不是我的。當然，在那個過程是很痛苦的，我也會否定自己，以為自己做得不好，為什麼沒辦法當他喜歡的那種女生。

　　但是後來我懂了，那樣的愛根本不是愛，是自私、是占有。如果你只希望把一個人關在籠子裡，哪裡也飛不出去，讓他失去了飛翔的能力，這並不是愛。

　　愛你的人，並不會要求你要失去自己，而是懂得欣賞你的好與壞，他會希望你更好，不會希望你不成長。反過來說，如果他總是縱容你、寵壞你，這不是愛，他讓你退步、墮落，這也不是愛。

很慶幸，我遇到了我的另一半，他是最支持我的人。陪伴我參加每一場簽書會，當我背後默默的粉絲。他支持、鼓勵我做我喜歡的事，也會給我建議、勸告，希望我更精進自己、更謙虛、更成熟。我也很幸運，他的家人也都是這樣支持我，讓我可以很自在、很有自信的做自己。

　　還好，我以前沒有放棄過，我從不曾放棄自己，我才能遇到真正懂我、支持我的人。

　　經歷了許多，我只能說，不要讓沒有營養，又不會讓你成長的愛情（甚至沒有愛好嗎？）啃食你的靈魂，讓你變成討厭自己的人。

　　當你為了所謂的愛情，放棄自己、迷失自己，甚至忘了自己是誰，只為了配合對方，討好他，這樣的感情，其實也撐不了多久。當你越不快樂，你談的愛情也不會讓你快樂。

　　有一天你會懂，用犧牲來交換的愛，並不是愛，用放棄自我來成就的愛情，也不是真正的愛。

　　當你遇到這樣的困境，你唯一要做的是放棄愛情，而不是放棄自己。

　　一個人愛你，不會總要你放棄什麼，你愛一個人，也不會總要他犧牲什麼，不是嗎？

能被輕易搶走的，
就送他吧！

朋友說過一句話：「能被撿走的，都是垃圾！」聽得我哈哈大笑！

很多人在愛情裡總會患得患失，怕一不小心對方就愛上別人了、被搶走了，總是醋勁十足，或沒有自信心，懷疑這、猜疑那……

有人會問：「如果有一天，對方變了心、被人搶走了，怎麼辦？」那麼，就送他吧！爭一個不愛你的人，爭來的也不是愛。壞掉的東西，有人要，就給他，留著幹嘛呢？回收來的，也不是好東西啊！

有人不喜歡輸的感覺，所以想跟第三者一爭高下。想證明搶得贏？但也只是搶到爛東西啊！有什麼值得高興的呢？為什麼不把時間、精力拿來讓自己值得更好的愛情，贏回自己的人生

呢？秀著自己搶到的爛東西、搶到垃圾，也不是真的贏啊！

♥　　　　　♥　　　　　♥

　　或許換個角度想，人心本來就是流動的，你也是，他也是。人都會隨時間環境轉變，我們所謂的永遠，其實只是當下的期望，我們期許自己能永遠不變，但，未來的事本來就無法掌握。

　　關於愛情，只能努力、盡力過就好。
　　你們曾相愛，但後來變了、不愛了，就接受事實吧！失去不見得是壞事，但為了失去某個人而失去自己的美好人生，甚至失去自己，才是最不值得的事。

♥　　　　　♥　　　　　♥

　　那麼，當你愛一個人時，不會害怕失去嗎？
　　正面一點想，因為不想失去，所以更要努力經營感情，同時也要經營自己。讓自己成為一個對方會一直欣賞、一直愛慕的對象。

　而不是在一起後就理所當然，不再努力，覺得對方就是應該愛你不變。

　年輕時，愛情總是帶著擔心害怕，但現在有了更成熟的想法，愛反而不再有害怕，而是堅定。因為你信任對方，也相信自己的選擇。

　有時想想，當你活在擔心害怕裡，不也是內心裡根本不信任自己的選擇？

不能在一起，
也許是最好的結局

很多時候你回頭看，會覺得，還好沒有在一起。還好，當初你失去了他，你現在才擁有了真正屬於你的幸福

　　有人問，看著喜歡的人，卻無法跟他在一起，聽著他說喜歡了誰，心裡覺得很失落，該怎麼辦？

　　有人說，與對方分開了，心中還掛念著他，知道不可能再在一起了，覺得很難過。

　　也有人總感嘆著，如果當初不分開，能和對方在一起，或許現在就不會有遺憾了。

　　我很想拍拍他們的肩膀說：「親愛的！你們倆在一起，也不一定是好的結局啊！因為你們可能會吵架、分手、離婚，變成怨偶、成為敵人。很多時候，緣分注定你們不能在一起，是有原因。」

　　與其成為兩相怨的前任，不如成為能當一輩子的朋友。因為，交往一個戀人，分手就少了一個朋友（或多一個仇人），朋友感嘆：「每個欣賞的對象，分手後都不能當朋友。還不如不曾交往，我們還能當朋友。」

我們往往感嘆無法跟誰在一起，但，在一起也不一定更好。當朋友與當情人，你看到的是不同的面貌。

我常跟朋友開玩笑說，若我跟以前交往過的對象結婚，現在大概早已離婚了。因為很多時候，談戀愛和能跟你走入婚姻、走一輩子的對象是不同的。而且，很多在交往時就看出的問題，你很清楚知道並不會因為結婚而改變的。

有些人在一起或許開心，但是你知道他禁不起時間考驗；有些人可能對你很好，但是他別有其他目的；有些人可以當很有趣的男友，但是無法當有責任感的老公；有的人不差，但是有非常難搞、複雜的家庭，會讓你受盡折磨。

所以，最後不會在一起、不會結婚的，也都是好事，不是嗎？我是很樂觀的看待「不能在一起」這件事，因為愛情最好的結局，並不一定是步入禮堂，或許是分道揚鑣，各自尋找適合自己的幸福。

無法在一起，可能是不夠愛，可能是時間不對，也可能是緣分盡了。愛過，努力過了，就好。

也許你後來會很慶幸，還好當時跟那個人沒有結果，你才會在現在遇到真正適合你的人，找到真正的幸福，不是嗎？

我很喜歡一句話，人與人最美的距離，並不是最近的距離。用在愛情、友情、親情上，都適用。

　　無法在一起不一定是壞事，保持友情的距離，或許更美！

　　有些不適合你的人，勉強去愛，只會受傷。硬著頭皮去穿不合腳的鞋，再愛也走不長久。

　　年紀漸長，學會了更豁達。對於人與人的相處，不勉強去抓住什麼，失去了情誼，也不會強求，只要珍惜擁有，就足夠快樂，該走的，就讓他去吧！

　　能夠愛一個人，是幸福，

　　無法去愛，也不是不幸。

　　在一起，或許是好結局，

　　但，不能在一起，也是好的結局。

　　不是嗎？

愛的反面不是恨，
是無感

　　有人問：「如果分開多年後，還在恨對方，總是要一直提到他，罵他。我不懂，到底是有沒有這麼恨嘛？」

　　我說：「那樣的恨也是愛，不夠愛，又怎能有力氣恨呢？愛的反面不是恨，是遺忘、無感、漠不關心。那才是不愛了！」

　　沒有愛，就沒有了感覺，那麼，即使曾愛過，也不再有情緒，能把對方當路人，笑忘往事。

　　「但是恨是一種愛嗎？」

　　「那是扭曲的愛。」扭曲的人格，才會有扭曲的愛。甚至，他們愛人的方法也是扭曲的。

♥　　　　　♥　　　　　♥

　　說到「恨」這件事，會輕易恨人的，其實很多時候他們恨的

是自己。

　　就像是責怪別人不夠愛他，其實他把愛自己的責任都推給了別人。因為別人曾傷了他，所以只有怒視他，才能忽視自己其實也有錯。

　　但其實，活在恨裡，走不出來、停滯不前的也只有自己。

　　對於過去，充滿恨的人得不到真正的愛。只有勇於不愛也不恨的人，才能放寬自己的心，去接受愛，付出愛。

　　有人說，遺忘、無感、漠不關心，很難。放得下恨，何其不易？

　　老實說，人生就是選擇，選擇要活在恨裡，還是活在愛裡，都是你的選擇。想成為自己也討厭的人，和想成為喜歡的自己，也是選擇。哭是一日，笑也是一日。

　　選擇恨，得不到快樂；選擇不愛，才能讓自己幸福。不是嗎？

　　（姐感言：「恨」是毒素，為了保養肌膚、體內排毒、身心舒暢、健康快樂、青春抗老……我們當然不能活在毒素裡害自己啊！保養品很貴的，要笑口常開啊！）

好心分手

　　有個女生剛跟男友分手，因為對結婚沒共識，女生想婚了，但男友還沒準備好。她哭訴：「為什麼他這麼沒責任感？」

　　另一個已婚的女生聽了回答：「其實這是好事，他是為你好。如果婚後才發現他沒責任感，根本不想結婚只是給你個交代，接著開始擺爛，你會寧可他在婚前甩了你！」

　　「看多了婚後水深火熱、哀鴻遍野的悲劇，回過頭來看，你會體悟，如果婚後不幸還是單身比較好。分手都比不幸的婚姻好，所以這算是好心分手。」一個常勸昏頭女生不要亂嫁的已婚朋友說。

❤　　　　　❤　　　　　❤

　　有趣！以前，我們可能不會接受對方不把自己放在人生規畫中，不喜歡沒有未來的感情，但是換個角度想，如果真的不適

1
8
2

合、不快樂的感情，勉強「開花結果」也是一生的悲劇。

如果他口中的承諾和負責只是空頭支票，你會寧願他不要輕易承諾，不要耽誤你的人生。

就像是你回頭看多年前的感情，可能會感嘆：「還好分手了。」那麼，未來的你可能也會告訴現在的你：「分開，其實是好事！」

可能，他要放了你，你才會放過自己；也許，你要離開他，才不再自己騙自己。

你不會懂，他跟你分手是為你好，但你一定要懂，沒有一個人值得「你對自己不好」。

你們最好的結果，不一定是天長地久，可能是不相見，也不懷念。

最好的結局不一定是永遠，而是愛過就好。

放下受害者情結，
你才會找到下一段幸福！

我們都不是當事人，我們永遠不會知道他們相處上真正的
情況，以對錯來評價別人的感情，並不一定是公平。

你一定有這樣的經驗，某個朋友分手了好一段時間，甚至是
好幾年後，仍然走不出「受害者」的陰影，見了面還是不斷提
到前任對他的傷害，還是在FB或網路上不斷批評他的前任，充
滿了仇恨，即使事過境遷已久，對方都已經結婚生子，還是不
放過。這麼多年，還是咒罵著過去。一開始你會同情他，替他
出氣，但是久了後，你也會覺得：「他不累嗎？」因為，觀眾
都累了。

很多人在失戀受傷後，總是走不出來，你能夠明瞭，有些
人的確是傷得太重，很難痊癒。但，有些人是不想讓自己走出
來，甚至，以當一個「受害者」為生活重心，他想要得到認
同、同情、支持，如果他不那麼可憐，就得不到關心。

也因為他是受害者，他那麼可憐，所以別人都要體諒他失控
的情緒，忍受他無止盡的抱怨。甚至一定要站在他那方，陪他
一起去咒罵對方。

即使，朋友想要拉他一把，希望他走出來、談個新戀情，不要活在過去，他還是不願意走出來。

有時聽著那些「資深受害者」的抱怨，你會不會有另一個想法，如果他自己真的那麼好，為什麼對方不愛他？會不會，他只是單方面說著自己的傷痛，但不表示他就沒有傷害對方？

我曾聽過一個女生總是在咒罵前任拋棄她，她說：「他傷害了我，憑什麼他現在結婚生子過得幸福？」

許多人也會站在她那邊去附和，的確他是傷了她，他是愛上了別人。在感情道德上，的確大家會認為男生是錯的。

但是和女生相處一段時間後會慢慢發現，其實她的個性真的很難相處，總是很情緒化、負能量很強，換成我是她男友，可能也會受不了而離開她。

我發現，感情問題不一定只是單方面的問題，一定是雙方的。當然，去做傷害對方的事的人可能只是其中一方，但不代表另一方在相處上就沒有傷害對方。只是誰錯得多、誰錯得少，但是，我們都不是當事人，我們永遠不會知道他們相處上真正的情況，以對錯來評價別人的感情，並不一定是公平。

而且，用錯了方式去愛，雖然覺得自己是對的一方，也可能

會輸掉了感情。對與錯，本來與感情的存在與否就沒有直接的關係。

我也曾聽過總是批評前任的人，他總是說前任劈腿，但他沒說的是，他自己也有劈，只是沒有被發現。表面上，他是受害者，但他真的是嗎？

也有的人分手後，不想再去說對方的壞話，就當作自己吃點虧、學點教訓就算了，並不想去批評對方、去討拍、去得到同情。表面上，他好像比不上「會吵的孩子有糖吃」，分手後不當受害者，好像很吃虧。

有人問：「前任都在說你壞話，你都沒有說他不好，你是不是人太好？」

他說：「其實在一起的時候也有過美好回憶，分開都是不開心的，何必計較那麼多？人要向前看啊！」

其實我覺得這是最聰明的，因為他先「放下」了！他懂得放過別人、放過自己。

仔細想想，多年後回頭看，當你花了太多時間在過去、在當「受害者」，會不會也拖累了你自己無法向前走？也讓自己無法往下一個幸福邁進？

那些還在當受害者的人，他們很難有新生活，就算勉強想去找新對象，也總被過去所影響，無法好好開啓新的感情生活，有的人甚至一個伴侶換過一個，總是定不下來……

　　而那些先懂得「放下」的人，早已經找到真正的幸福了！

　　但受害者，還是對著與自己不相干的幸福詛咒，看別人的生活不順眼。

　　總是希望別人不幸的人，自己也不會過得幸福，這會不會也變成是一種惡性循環？

　　只有真正的放下，真正的原諒，讓自己不要活在受害者情結裡，不把自己困住，你才能爲新的生活前進！

　　不再用受害者的角度談感情，而是從過去學習，讓自己成爲更好的人，值得更好的愛情！

　　放下受害者情結，你才會找到下一段幸福！

如何讓自己不怕被劈腿、被外遇？

第二，好好經營感情，第一，好好經營自己。（請注意優先順序）

很多人問，如何不怕對方劈腿或不愛你？

除了在一起之後，要好好經營感情、維持兩人心靈的交流，其實最重要的是，你要學會「獨立」。很多人以為有了愛情或婚姻，就不需要獨立（尤其是女人），但，對方不一定會是你永遠的依靠，如果他哪天不要你了、愛上別人了，你怎麼辦？

重要的是，不管別人愛不愛你，你都要「讓自己有能力好好的、快樂的活下去」！

失去愛情、失去婚姻，並不能毀滅你的人生！只有自我放棄才會。

不要總是想要依賴或控制對方，或把愛情當作主食，沒了他、沒了愛就會餓死。

獨立讓你更有魅力，不怕外遇！

獨立是指你擁有讓自己過得好，有自主人生的能力。在思想、行爲和經濟上，都能自立。在愛情中，保有獨立思考的能力。

談戀愛，不是拚了命要拔掉自己的翅膀、關進鳥籠，成爲他的應聲蟲或誰的附屬品，而是找一個欣賞你飛翔，給你更大的天空，一起分享人生風景的人。

尊重他是個獨立的個體，尊重自己的獨立意志，兩個人才能 1＋1＞2。

獨立的人才懂得信任，信任的人才懂得尊重，這才是比較成熟的愛情。

然而，如果一段感情讓你活在不安、恐懼、自卑、懷疑裡，那絕對不是一段能長久幸福的關係。

眞正的愛不會讓你軟弱害怕，而是讓你堅定、讓你成長！

有人問：如果不幸成爲小三，怎麼辦？

小三不只是有壞的，也有可憐的。常遇到有人來問，不小心成爲了小三，但是又愛到了離不開，活得很痛苦。

她們都會遇到對方說跟老婆感情不好，沒有感覺只像家人（但還是可以一直生小孩喔），總是要你等、要你忍耐，說要

離婚也離不了，被抓到了還要乖乖回家……最後，不幸的小三只能過著見不得光、遲遲看不見希望的生活。更慘的是，試圖離開，又離不開……

說真的，每次看到這樣的問題，我都一把火在燃燒，我不是氣她們為什麼要當小三，而是氣她們為什麼要糟蹋自己！

你有想過爸媽辛辛苦苦把你養這麼大，然後卻被人家蹧蹋嗎？如果你有一個女兒被這樣蹧蹋，你會作何感想？

換個角度想，如果這個男人可以傷害、欺騙他的另一半，未來不會傷害你、騙你嗎？這種建立在別人一家子痛苦的幸福，你得到了不會心虛嗎？

再者，如果被發現了呢？最慘的都是小三，被告、罰錢等都是你，大部分的老公都是沒事的（甚至你也可以合理懷疑是仙人跳）。

好端端的一個女生，為什麼不能去談一場正大光明的愛情，去愛一個對你忠誠的男人，去得到衷心的祝福，而要讓自己愛得這麼卑微呢？

如果你不小心被騙、不幸掉入了陷阱，那麼請趕快擁抱自己的尊嚴離開！沒有一種愛需要失去你的自尊才能得到。

聰明的女人，也不要讓自己被別人誤會，別跟已婚的、有伴的走得太近，不要讓人有任何口舌的機會，也不要讓有心人士有接近你、追求你的機會。

與其花了大把的青春、光陰在這種沒有結果又消耗你的愛情，活得那麼痛苦，不如好好享受單身，把自己狀態調整好、眼光變得好，再去談愛情。

「但，如果他很愛我？」

親愛的，那不是愛，不要騙自己了。那是自私！

遇到不對的愛情，勇敢斷捨離！

你問：「為什麼他不會離婚？」

難道他離婚就一定會跟你結婚嗎？傻，對於這樣的人，他不會輕易離婚的理由是，他需要兩種女人：功能性和性功能，一個是老婆，一個是小三。既然可以開心偷吃，又何必要對你負責呢？

不要再傻了，好嗎？

渣男有可能變成好男嗎？

有讀者問到：「為什麼我的前任是渣男、不願承諾，但是之後卻突然變成好男人，馬上結婚了？」「渣男有可能變成好男人嗎？」「如果他回頭，我要原諒嗎？他真的會變好嗎？」

關於人的「改變」這個問題，我曾寫過不少文章，說真的，人會不會變？當然會，你現在跟過去一定不同，但是也可能不會，因為人的性格本來就難以改變。

我傾向於相信人的個性不易改，但人還是會改。會改變是因為自己想要改，而不是別人要求他改。自己想要變好，跟別人勉強他，是兩回事。

那麼回到問題，為什麼渣男會變成好男？為什麼辛苦的是你，收割的是別人？我覺得有三個原因：

1. 你們相遇在他最壞的時間，也就是錯的時間。當他心不定，還想玩，不管你怎麼認真付出、以淚洗面，也很難改變。要等他嗎？不要等，他不會珍惜你的。

2. 對象的問題，也就是你的問題。如果總說對方渣，也不一定公允，我聽過很多人轉性變好，都是因為遇到一個他更想珍惜的人。

　　也就是說，你是那種比較容易激發他壞的那一面的人。譬如說：你任性易怒愛猜疑、你用作賤自己的方式愛他、你無法讓他信任安心……說到底，就是不適合。

3. 他本來就不夠喜歡你。簡潔明瞭。

　　為了保持兩性平等，本文的渣男及渣女皆宜。

❤　　　　❤　　　　❤

　　不必不甘心，換個角度想，他想要變好，那是好事，雖然對象不是你，至少人會成長、會改進，都是很棒的事。不是嗎？

　　其實我不太喜歡「渣」這個字，我覺得，每個人本來就有好

和壞的一面，人非完美，也都會犯錯，更難免傷過別人，本來就沒有絕對的善和惡。

　　一個人不愛你，不一定是他的錯，也不一定都是他壞，把感情的對錯分類成一黑一白，也有欠公平（其實也沒有公平這回事，就是愛與不愛）。

　　他傷害了你，不代表他不能去愛別人，就像你曾犯了錯，不代表你不能改過自新。每個人都有機會讓自己變得更好，愛錯了，就要從錯誤中學習成長，而不是一直活在過去的錯誤裡，甚至是別人的錯誤裡。

　　改變別人，不如改變自己的選擇。改變自己，你才會有更好的選擇。

　　至於那些變成好男好女的前任，我們就真心祝福吧！

　　他要夠好，才不枉費你曾經愛過。

你也是外貌協會？

　　「長得帥的會劈腿，長得醜的也會，那為什麼不選帥哥在一起？」

　　外貌協會的朋友總會這麼說。每當我說：「不要只愛帥哥，帥不帥真的不是最重要的」她們會說：「可是，有的看來老實也很花，醜的劈腿不是更氣？」邏輯上似乎也沒錯。

　　但是，為什麼要在爛的裡面挑比較不爛的？你也可以選一個愛你又對你忠誠的啊？如果你總是遇到會劈腿的，為什麼不改變自己擇偶的眼光？

　　如果你總是在會劈腿的族群找帥哥、盼奇蹟降臨，他為你改變。不如改變自己的視角，學會去欣賞那些沒那麼耀眼，但會真正愛你，尊重你的人。

　　人生多了點閱歷，你會懂，選伴侶並不是挑外表，而是看人品。如果你太重視外在美，或許，你也該多看看內在美。

　外表，或許可促成你們在一起，但是內在才是決定你們能在一起多久、快不快樂的關鍵。

　長得帥又玩世不恭的男人，看久了就膩。正如同，長得美卻沒有內涵的女人一樣，久了令人乏味。自以為有點外表就得意囂張，久了也令人生厭。

　上天很公平，如果你不夠珍惜，他會收回你的美麗和帥氣，讓你相由心生。

　當你到了一個年紀，經歷婚姻，就會懂，人品好的男人，會越來越帥。

♥　　　♥　　　♥

　有人問，如果選條件呢？

　首先，你挑人，別人也挑你。

　再者，他的條件是他的，不是你的。

　還是努力提升自己，最實在。如果不想要活在害怕失去、依賴對方、沒安全感中，你就讓自己更有條件去選擇你要的生活和伴侶。因為，你可以選擇要或不要，而不是被選擇。

不要在糞坑裡找比較好看或不臭的屎，你還有更好的選擇。
男女平等，本文不限性別。

他沒什麼不好，
只是你不夠愛他？

很多人會說，被愛比較幸福，因為比較起來，被愛輕鬆許多。
人性難免想當那個付出較少，收穫較多的人。

常有人問：「愛人與被愛哪個幸福。」

大部份的人會說：「被愛。」但，真的是這樣嗎？

讀者問，如果要跟一個「沒什麼不好，只是不愛他」的對象結婚，因為家人親戚鄰居（為何是鄰居？）都說他好，所以大家希望他們結婚。可是，他卻不夠愛，甚至無以回報對方的付出，父母一直逼迫他，讓他覺得很痛苦。

想一想，那些逼迫你的人總是勸：

「再挑就挑到賣龍眼的。」（關龍眼什麼事？）

「你幾歲了，再老就沒人要了！」（並不會！）

「在一起那麼久不結婚，很吃虧！」（結了才是虧。）

「婚姻本來就不是靠愛情啊！」（你媽也不愛你爸？）

「鄰居說他人不錯啊！」（為何又要問鄰居？）

「你找不到對你這麼好的啦！」（愛情不是慈善！）

但其實，你要知道，你的人生，是你在過的，你要自己決

定、自己負責。你快不快樂，只有你知道。

他的「好」不一定是你要的，一個什麼都好的人，跟他在一起也不一定比較開心。如果總是對方付出，你沒有感覺、沒有回報，你也會心靈空虛，他也會精神疲乏。

不夠愛一個人，卻跟他在一起，那種內心的空虛，是騙不了自己的。

看過太多悲劇，我只能說，婚姻這個重大的決定，只要有一點猶豫、一絲逼迫，有任何不甘心、不踏實，都是你的內心在提醒你，你真的要好好考慮。

婚姻不能解決問題，只會放大你們不願面對的問題。

你問我：「愛人與被愛，哪個比較幸福？」

我會告訴你：「相愛才是幸福！」

被愛比較幸福嗎？

「只有被愛是幸福嗎？」遇到有人問，如果跟一個對自己很好，但其實沒那麼愛的人在一起，享受被愛、被照顧，這樣是幸福嗎？

很多人會說，被愛比較幸福，因為比較起來，被愛輕鬆許多。人性難免想當那個付出較少，收穫較多的人。

但是，真的幸福嗎？我覺得那或許是快樂，但並不是真心的

幸福。

　　我也曾談過那種「對方比較愛我」的愛情，老實說一開始當然會開心，因為別人對你好。但是久了就覺得好空虛、好累。因為你無法發自內心的感到快樂，最後別人對你好變成一種壓力，因為你無以回報，對方又會覺得你虧欠他、付出得不到他想要的結果。最後都是以不開心收場。

　　如果你是個不在乎感覺、不重視真愛的人，或許，你可以說服自己「他對你好」那就是愛情。好好享受對方的付出、做一個比較輕鬆的人。但我相信，這並不長久。有一天，你終會遇到一個你比較愛、真的愛的對象，怎麼辦？

　　有些人可以跟一個大家都覺得好的對象在一起，但自己並不是真的那麼喜歡對方。只是為了旁人眼光、家人壓力，而去做選擇。再怎麼說服自己，久了也是會疲憊。到最後你會不懂到底是為了別人而活，還是為自己？

　　或許你要有些人生經歷，才會懂，發自內心的快樂，和表面上的快樂有所不同。別人對你付出，和你們能一起互相付出，那樣的滿足和差異在哪。

　　我有朋友說，總是遇不到喜歡的，最後乾脆跟一個沒那麼喜歡，但是對她很好的男人在一起。表面上，好像很快樂，但

是，看得出來，她的眼神沒有光芒。那並不是她愛上一個人的樣子。

只是爲了年紀到了，身邊剛好有個條件不差的，剛好他又很愛你，所以就湊合在一起。

有的人說，跟這樣的對象交往、結婚，是最好的。但，如果你明知不夠愛對方，還能自欺欺人嗎？如果後來遇到了眞正愛的，怎麼辦？

況且，人都是互相的，如果總是他付出，會不會有一天他覺得累了？他不想付出了？甚至，他不滿了？因爲他再也忍受不了單方面的付出。

看多了許多故事，我得到一個感觸：感情裡，千萬不要勉強。不勉強自己、不勉強別人。甚至，不要勉強到欺騙自己。

被愛和愛人，是一種平衡。只有任何一方比較多，最後還是會失衡。總是自私的希望別人付出多一點、愛你多一點，你只能得到短暫的快樂。

朋友說：「與自己不夠愛的人在一起，是多麼空虛的感覺！」如果你曾有過這種空虛感，你也會懂。

當你眞正愛一個人，付出是幸福，也是一種踏實。

被愛或許是快樂，

但，相愛才是幸福。

他總是劈腿，
我還要原諒他嗎？

　　常被問到這樣的問題，遇到劈腿、外遇的慣犯，要再給他機會嗎？他會不會改？難道，他就不會變成專情的人嗎？

　　人為什麼會劈腿？就是「不夠愛」。如果很愛一個人，你會避嫌、會拒絕誘惑，不想讓愛的人傷心。

　　其實，你不敢承認他不夠愛你，他不會為你改，你們彼此不是對的人。

　　你問，人不會變嗎？人會變，但不是為了你變，而是為了他自己。想要改變別人，最後失望的還是自己。

　　姐年輕時劈過也被劈過，看多了感情的風風雨雨，如果他是慣犯，又要跟你在一起，你接受了，就只能無止盡的活在鬼打牆的生活。活得人不像人、鬼不像鬼。

　　但，也是有曾經花心的人，最後轉性，變成專情、愛家的

好男人、好女人，他們為什麼會變？因為他遇到了「夠愛」的人，他變成熟了、他成長了，他在對的時間遇到了對的人。你問，那為什麼對的人不是你？

因為他不夠愛你，不是你好不好，而就只是「不夠愛」。

你人生中不也遇到過對你很好，但你就是不夠愛的人嗎？

♥　　　　♥　　　　♥

大部分的男人劈腿，是為了刺激、新鮮感，大抵不會跟女友或老婆分手，除非他認定小三是真愛。

大部分的女人劈腿，不太是為了刺激新鮮感，而是對男友或老公失望。她們人走了，心大多也會跟著離去。

（當然，不分男女，也有天生愛玩的，活到老玩到老。遇到了就放手快逃，認賠殺出吧！）

你問，說不定他會改、他會回頭？好！那就只給他一次機會。超過第二次，就狠狠的離開吧！

或許，你要靜下來想一想，你真的愛他嗎？還是不甘心？還是不想輸？還是，你只是想自己騙自己？不夠痛就不夠愛？

不要以為，失去他就沒辦法再愛，不要以為，他非你不可。

他傷了你，你就要抓著他的辮子，覺得他辜負你就要負責，他不愛你就是他的錯。

♥　　　♥　　　♥

人生經歷了些年歲，你會懂，
愛從來不是控制、不是對錯，也不是完美。
而是，你可以給他自由，他可以給你信任。不是緊抓著對方不放，而是，放開雙手，他就在你左右。
你無法等一個人成長，你要做的是，讓自己成長。
你無法去改變別人，你只能改變自己的選擇。
勇於承認「不夠愛」的事實，找回對自己的愛，你才會值得更好的愛。
有一天你會懂，在錯的路上怎麼努力，也不會通往對的方向，在錯的人身上怎麼努力，也不會得到你要的幸福。
勇於放掉錯的人、改進錯的自己。你才會往對的方向前進。
（不要活在別人的錯誤裡，數落別人、折磨自己，那太累了！）

要與前任保持友誼嗎？

　　跟朋友聊起這個話題，他說，可以跟和平分手的前任當朋友，對方也會約他吃飯。

　　我笑說：「這我就不可能，分手就不聯絡。」甚至臉書、LINE等統統都會刪除好友、封鎖。即使是和平分手，也不會聯絡，更不想當朋友。

　　的確有不少人，是可以真的跟前任維持純友誼，交了新的對象還可以大家一起當朋友。但有了新戀情、結婚了，你的另一半真的可以接受你跟前任當朋友嗎？（還是被迫接受？）

　　我覺得，如果大家還是單身，維持友誼也不錯，但如果彼此有了交往對象，應該要多尊重另一半的想法。

　　你覺得跟前任當朋友、聯絡、相約沒什麼，那如果，是你的另一半跟他的前任呢？你也可以平常心接受嗎？己所不欲勿施於人，如果你也會吃醋、不開心，又為何要讓你愛的人受傷呢？

　　如果你不喜歡死纏爛打的前任，自己也不要變成你所討厭的人。

　　一個愛你的人，絕對會重視你的感受，勝於前任的感受。如果不是，他回去找前任復合就好了，跟你在一起幹嘛？（或，你直接也當他的前任就好，哈哈！大家一起當前任吧！）

♥　　　♥　　　♥

　　有人問，如果前任願意祝福、表達善意呢？那就謝謝他的祝福，慢走不送。祝福不必打擾，善意不用送到家，保持安全距離就好。

　　我跟朋友說，找對象，要找一個不會跟前任糾纏、一直聯絡的。他會尊重你、也會尊重這一段感情的人。

　　當然，這都是個人自由，你想要跟他的每個前任組成歡樂大家庭，大家以兄弟姐妹相稱，開心就好。

　　但是，感情的經營不只是站在自己的角度，也要站在對方的立場。我想，沒有人可以百分之百不介意的。那如果前任突然來找你聊聊呢（或不只聊聊）？我認為，與其花時間跟前任搞沒有意義的曖昧，不如把時間花在找到更好的現任比較實際。

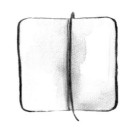

真正愛你的人，
才捨不得你苦

愛情裡，不要把吃苦當吃補，苦就是苦。不要再自己騙自己了！真正愛你的人，才捨不得你苦！

　　分享近期看到的小故事：在路上看到一對夫妻，走著走著東西掉了，看起來大腹便便大概懷孕八、九個月的老婆吃力的蹲下去撿東西，旁邊的老公冷冷的看著她撿，完全沒有要幫忙的意思。

　　剛好看到，雖然我來不及幫她，但那位老公的態度實在讓我拳頭很硬，我另一半說：「這個男人好扯，怎麼讓孕婦這樣蹲著撿。要是我一定說『老婆～我來就好！』」是不是？！

　　旅行的時候，在飯店吃Buffet早餐，看到一對夫妻帶著兩個小孩，爸爸很輕鬆的自己拿了早餐坐在位置上吃，媽媽身上背一個、手上牽一個，還背了一個背包，辛苦的去拿早餐。看著他們用餐，彷彿小孩是媽媽一個人的，爸爸只顧著吃自己的。

（先生你是併桌的嗎？）

　　看到這一幕，我真的一把火，這是什麼男人！

　　朋友說群體旅行的時候，用早餐時，其中一對夫妻只有先生下來吃，他們好心的問：「老婆怎麼不吃？」先生說：「因為她要整理行李。」結果，老婆要整理全家、小孩的行李，還要餵奶，沒吃到早餐，先生也沒有要幫太太拿早餐的意思。

　　有人問：「怎麼都是老婆在整理行李？」

　　他說：「因為我不會整行李，她會，所以都交給她囉。」不只整理行李，小孩的大小事，甚至是超重的媽媽包，都是老婆在背。男人手插口袋，滑滑手機，瀟灑得很。

　　我常在想，為什麼這些男人會娶得到老婆？女人為什麼會嫁給這樣的男人？

　　這些男人，是婚前就這樣，還是婚後才現出原形？

　　我們常聽到有些女人抱怨另一半不體貼、不做家事，是豬隊友。但換個角度想，在交往、剛新婚時，他就是這樣的人了嗎？還是之後才變的？

　　如果你不幸在一起後就發現他的「原形」，那麼，你還敢嫁給他、跟他生小孩嗎？還敢一直生嗎？你還要忍受跟他在一起嗎？

　　我常耳提面命我的另一半，如果他會這樣對我，他就慘了（當然我知道他不會），因為我不是逆來順受、忍辱負重、屈服命運的女人。你對我好，我會對你更好，若你對我不好，我也絕對不會讓自己受委屈。

　　不是嗎？我們父母生養、栽培我們，不是讓我們受委屈、被糟蹋的。

　　有人說，壞男人是被女人寵壞的，廢老公是被女人培養出來的。其實不得不承認，女人自己的態度真的很重要。

　　女人在婚姻裡要幸福，除了選一個對的人、好隊友，培養對方成為優秀的隊友、life partner很重要，否則，辛苦的、累的都是自己，別人還不見得會感恩。

　　找一個真正會疼惜你、保護你，會與你分擔家務，捨不得你太勞累，並且會真心感謝你付出的男人。

　　愛情裡，不要把吃苦當吃補，苦就是苦。不要再自己騙自己了！

　　真正愛你的人，才捨不得你苦！

單身朋友說，與其過這樣的婚姻生活，還不如單身快樂。我
認同。

第三者，
也可能是來替你擋災的！

　　事業有成的女生朋友最近雇用了以前的第三者來當員工，許多人聽了不可思議。她笑說：「其實我也算感謝她，事後想想，第三者也是來替我擋災的！」

　　以前她跟交往多年的男友論及婚嫁，沒想到突然殺出了小三，更狠的是小三說懷孕了，於是男友甩了她，立馬跟小三結婚，當時也花了不少時間走出來。

　　沒想到婚後不久，男生就開始跑夜店、上酒店，開始花天酒地，過沒多久，他們也離婚了。於是，當時這個小三跑來跟女生朋友訴苦、罵男生。

　　女生朋友說，其實當初她也很猶豫要不要跟對方論及婚嫁，因為男生本性還是愛玩，比較沒有責任感。只是沒想到他結婚生子後，還是沒有改變。她感嘆說：「如果當初結婚的是我，

或許現在離婚當單親媽媽的那個人是我。」

♥　　　　　♥　　　　　♥

　　或許我們常說的「塞翁失馬，焉知非福」用在感情的得失，也很適合。想一想，本來那個不對的人被別人搶了，會發生在你身上的悲劇等於也被別人拿走了。失戀是福還是禍，把時間拉長，你才會懂。

　　女生朋友也很感謝當時的失戀，讓她工作上奮發圖強，有了不錯的事業，也嫁一個好老公。她笑說，*沒有跌那一跤，現在怎麼會幸福？*

　　當她知道小三成了單親媽媽，又要找工作，所以很大方的給她一個可以準時下班，讓她可以去接送小孩的職缺。很多人說，怎麼可能對當初的情敵這麼大方？她說：「我真的沒有恨過她，跟這樣的男人在一起，我知道她的辛苦。」

　　她沒有跟前任聯絡了，反而跟當初的小三成了朋友。

♥　　　　　♥　　　　　♥

　　有時候，人生真的挺有意思的。當你年紀越長，你回頭看過

往，那些當時過不去的痛苦、挫折，現在你一點也不恨，反而感恩。以前以為沒誰不能活、不愛會死，現在發現，失去後你活得更好、更快樂。

很多人的糾結都在於執著，害怕失去，但經歷過你會懂，那些失去，其實會讓你得到更多。

你最該害怕的不是失去感情、失去誰，而是失去你自己。

感謝不夠愛你的人離去，不夠好的，就讓別人拿走吧！

有一天你會懂，那是你的福氣。

要愛就不要嫌，
要嫌就不要愛

　　有時遇到一些已婚朋友聚在一起抱怨差勁的老公、討厭的婆家，她們講著講著，最後都會好奇的問我：「怎麼都沒聽你抱怨？」

　　我尷尬的笑說：「我沒什麼好抱怨的，我覺得我婆婆人很好，老公也對我不錯，也不知道要怨什麼耶……」想了想又說：「如果勉強要抱怨，只有我另一半比較重視我的儀容（天秤座嘛）所以我不能太邋遢這樣……」接著朋友一陣大笑：「這哪算啦！」

　　我覺得，除非你的伴侶已經差到每個人都勸你放生、婆家糟到路人都勸你逃生，否則，生活上難免會有摩擦，如果要嫌、要唸，那真的處處都可以找到理由看不順眼啊！

　　要嫌就不要愛，要愛就不要嫌。

要唸就不要做，要做就不要唸。

還記得這是之前已婚的朋友曾告訴我的金句，我也很怕自己有一天會成為討厭的碎碎唸黃臉婆，所以就算很累、很煩時，我也都提醒自己要EQ管理，不要成為連自己都討厭的女人。

其實，快不快樂是自己的心態，你可以處處看人不順眼，也可以多看一些好的地方。愛挑剔的人，總有挑不完的地方，想一想，這樣多麼不可愛啊？

自己的心態也要調整，要付出就甘願做、快樂做，不想做就不要勉強自己，又要唸別人。不快樂真的就不要做，想要對方更有責任感，就要放手讓他做！

但如果不想做，又不得不做呢？我就會告訴自己：「我是為了美好家庭生活而努力！」「我想讓我愛的人覺得跟我在一起很幸福！」我會用比較正面快樂的心態去做。

因為，既然你都要做事，那麼擁有比較快樂、正面的心態，不管做什麼事，都會比較開心。不是嗎？

　　如果，每天對另一半轟炸負能量，只會離自己要的幸福更遠。兩人是互相的，這也是伴侶之間的影響力，當你脾氣、口氣都變好了，對方也會變好，當然感情也會更好！

　　其實，你的態度和看事情的角度，決定了你會過什麼生活。而你讓自己怎麼過生活，要不要快樂，這都是你的選擇。

　　選擇要還是不要、愛還是不愛，不是別人決定你的幸福快樂，而是你選擇你想要什麼生活。

　　不幸就遠離，幸福就珍惜。

　　愛要經營。

感情真的禁得起 「翻舊帳」的考驗嗎？

我很喜歡一句話：「家是談情的地方，不是講理的地方。」
美好的生活，往往來自不完美的人生，沒有完美無瑕的感情，
只有願意經營的伴侶。

　　有讀者問到，另一半很喜歡翻舊帳，拿過去犯的錯誤跟他吵，即使這是跟他交往前的事……

　　有人說，對方總是數落他曾做錯的事，說得很難聽令人心痛。即使說了要改，也已經改了，吵架時還是拿來吵。

　　有人原諒了外遇的伴侶，但餘生都在用外遇這個錯來批評他、不放過他（其實不放過的是自己）。

　　讀者說：「一段關係中的其中一方若有什麼過失，日後吵架九成也會被搬出來講，吵架原因都是因為之前吵過的過失。」

　　朋友也說，只要一吵架，對方就會翻起八百年前的舊帳，模糊了吵架的焦點，最後只剩下情緒化和意氣用事，越吵越糟，感情也越來越不好。他說，對於錯誤放不下的人，都會放不了對方，這樣不放過對方，也是不放過自己。

　　既然都要在一起了，不是應該找個可以走下去的方法經營感

情嗎？如果每天都為了過去的錯誤不開心，不如就放手，不是讓自己更快樂呢？

但是，有些人就是不快樂又不放手啊！

想一想，這樣的關係真的很累，要在一起，又要執著於對方的錯誤。我看過很多這樣的婚姻，表面上和好了，但心裡根本不原諒對方，總是帶著恨過生活。那麼，和好了，感情也不會好啊！

其實，你若無法接受對方的錯誤，不能接受他的過去，就不要勉強在一起。在一起，也是辛苦。

既然決心在一起，就學會放下、接受，兩人一起從錯誤成長，學習。

走過了考驗，更能堅定你們的感情。

很多人會問，對方錯了要不要原諒，我會問他：「你會真的原諒嗎？」如果你沒有辦法、傷害已經太深，那麼即使和好，也是每天在舔著自己的傷口、活在受害者的情緒中。

當然，原諒不容易，需要時間。如果你們願意一起努力，為了能好好走下去而願意給對方時間。我相信這都是好事。

　　我覺得最不該做的就是，總是在跟對方爭對錯，批評對方，不放過任何一點錯，每天好像在法庭審判，這樣的「考驗」沒人能撐得過。

　　而且，總是想證明自己是對的，也不代表你會幸福啊！

　　我很喜歡一句話：「家是談情的地方，不是講理的地方。」

　　美好的生活，往往來自不完美的人生，沒有完美無瑕的感情，只有願意經營的伴侶。

　　每一對伴侶都經歷許多辛苦或傷痕，這才是真實的感情和婚姻生活。但每一次的和好、諒解，一句道歉，都可以讓感情變得更好。然後我們才能在不美好的生活裡，找到讓感情美好的默契。

　　當你愛他、接受他，就放下你的「舊帳」吧！

　　關於翻舊帳，我只能說，放過他，就是放過你自己。

女人遇到好男人，
一輩子都不需要成熟？

　　偶然看到某一個女生轉貼的文章，上面大概寫著：「如果女人遇到了好男人，一輩子都不需要學會成熟……當一個女人越來越成熟、堅強，就證明她並沒有遇到一個好男人……」

　　我看了這段話，內心覺得很毛。尤其是聽到女生們會認同「找到好男人所以不需要成熟」這樣的想法，彷彿看到了童話故事裡，只要遇到困難就會有白馬王子來拯救的故事架構。忍不住想搖醒那些女孩（對，我想稱之為女孩），嘿！時代不同了。與其等人來拯救，為什麼不當神力女超人呢？

　　好男人，成熟的男人，他們需要的是一個與之匹配的成熟女人。換個角度想，如果你夠成熟，你有辦法忍受跟個性不成熟的人在一起嗎？

　女人需要男人照顧、依靠，男人也需要啊！兩性關係並不是男人永遠在付出，女人總是等著被疼。如果想要幸福，你也要給男人溫暖的依靠、支持和力量。

　記得單身時，曾有女人跟我說：「女人要會哭才會幸福。裝笨、裝可憐、裝柔弱，才會有人疼。」我當時很不能理解，因為對我來說，哭從來不是解決問題的方法。

　後來我懂了，一個不成熟的人，也會遇上不成熟的人，談不成熟的愛情。

　如果你問我，什麼是成熟？

　經歷了年歲，我終於體悟：成熟的女人，可以溫柔，可以堅強。她可以是女漢子，也可以是小女人。她懂得獨立，卻又不逞強，懂得示弱，但又不依賴。

　她值得被愛、值得人疼，相對的，她也願意去付出愛，疼惜愛她的人。

　　真正的幸福不是被愛，而是相愛。

　　　　　　♥　　　　　　♥　　　　　　♥

　　一個好女人，遇到了好男人，彼此都會學著成為更成熟睿智的人。這才是成熟人談的感情。

　　女人遇到好男人，一輩子都不需要成熟？並不是。要遇到好男人，你要先學會成熟。成熟的人，才留得住、配得上一個好伴侶。

你不想輸？
想要贏得愛情，
卻毀了自己的人生！

有一天你真的贏了，沒有競爭對手了，卻突然發現，其實自己也沒那麼愛他。

　　常聽到不少人跟我談起他們的感情問題，咬牙切齒的說：「我只是不想要輸！」令我感到很害怕，又難以理解。

　　聽到他們這麼說，我很訝異他們在愛情裡要爭輸贏的那一股決心，也不懂為何談個戀愛好像在比賽，輸了沒面子，所以不管怎樣一定要爭輸贏，我忍不住想問他們：「你是真的愛他嗎？還是只是不喜歡輸的感覺？」

　　爭來的、比較來的、不甘心的，是因為不喜歡輸，還是真的愛？

　　有個女生跟我哭訴她「又」遇到了小三，但是這個男人不只有小三還有小四小五……女人多年內一直處在每天拉警報、抓姦、查勤的緊繃生活，遇到她的時候總是聽到她談最近又發現男友跟誰搞曖昧、劈腿了，彷彿很得意自己抓猴的功夫。

　　我很好奇問她為什麼要過這樣痛苦的生活，卻發現她是「痛

並快樂」的活著，並把跟小三、小四、小五對抗這件事當作生活的重心和樂趣。

後來我發現，她也其實也不是那麼愛她的男友，她只是不想要男友跟別的女人在一起，她只是喜歡占有的感覺。和小三競爭只是不喜歡輸的感覺，如果被小三搶走了，不就代表自己很沒有魅力、比小三醜，自己是Loser了嗎？

寧可占著茅坑不拉屎，寧可跟一個爛人在那裡瞎耗自己的青春，也不願意放手，讓自己在鬼打牆愛情中獲得解救？我不懂。

有個男生朋友說，遇到了瘋狂追求者，很奇怪的是，有的女人知道喜歡的男生其實是已婚或死會，就會特別想要勾引他來證明自己的魅力，這個女生知道男生準備要結婚了，於是像中邪一樣瘋狂追求，每天傳一些性感照片或鹹濕簡訊給男生，甚至用金錢利誘他（據說她是富家女），希望他甩了女友跟她在一起。

男生說他不想理她，說自己愛著女友。那個中邪女卻抓狂的說：「我是哪裡比不上她嗎？我有哪裡不好嗎？為什麼我贏不了她？」

我聽了覺得好笑，對！的確你的外在條件是比他的女友好，

但是人家愛的就是女友不是你，又不是你胸部比較大、長得比較漂亮、比較騷，或家裡比較有錢，人家就會移情別戀。

他不愛你不是因為你比較差、你輸給他女友，而是他‧不‧愛‧你！你懂不懂啊！

在那邊爭輸贏的，把愛情當作競技場、擂臺賽的，到底你們是真的愛對方，還是只是想要占上風、想要征服、想要贏的感覺？

那會不會，有一天你真的贏了，沒有競爭對手了，卻突然發現，其實自己也沒那麼愛他。

就像一個任性的小孩，自己不要玩的玩具，丟到牆角也沒關係，但有一天別人想要拿你不要的玩具，你卻生氣的不想讓給他玩，即便你自己不要也要霸占著，不願別人去玩你「不要」的玩具。

跟別人搶劈腿的對象，也像你到了瑕疵品特賣會場，大家卯起來搶購，當你搶到一件衣服發現有人跟你一起搶，就會覺得這件衣服一定很好看，非得要搶到不可。但是回家一看，不只尺寸不合（因為你沒時間試穿），而且根本不適合你。最後你會懊悔自己為何失心瘋去跟人家搶什麼瑕疵品。

有的人明明就對自己的另一半不好，冷落他、忽略他、傷害

他，但是如果另一半去找對他更好的對象，或有人喜歡他的另一半，他就會大怒，大聲的宣示主權說：「他是我的男人（女人）！」

如果真的是你的男人或女人，為何你不願意對他好、疼愛他、重視他，卻要等到有人發現他的好的時候，等到對方對你心灰意冷、對感情沒有信心的時候，才要大聲說你真的很愛他？

有人寫信給我，說她的婚姻早已破裂，老公早已光明正大的跟小三在一起，就這樣撐了很多年，撐到自己都老了，也不願意簽下離婚證書「成全」他們。我們看過很多這樣的例子，為了占領正牌老婆的位置，為了爭一口氣，但是婚姻早已形同虛設。到老都不快樂、不幸福，甚至氣到生病、氣死了，也無法改變殘酷的事實（對方在她過世後，光明正大的把小三扶正）。

我常在想，那麼，她們的這一生，到底是為了什麼而活？

因為不想要輸、想要爭一口氣、不甘心，而讓自己在不快樂的生活中，懷抱著怨恨詛咒人生。為何不轉念一想，自己也可以找到更好的、更愛自己的，也可以過更快樂的人生，而不是跟著不愛自己的人在那裡浪費人生？

更何況，你口中的「成全」一點意義也沒有，因為要不要在一起是他們的決定，並不是你成不成全，就算你說不又如何，他早已離開了你。成全，只是安慰自己的理由、好聽一點的說法罷了。

不想要輸的心態，真的害慘了很多人。想要贏得愛情，卻毀了自己的人生。那麼，這樣是贏還是輸？

就像我以前寫過的文章，失戀不是輸，也不是失敗。因為我們都曾輸過很多次，但現在回過頭來看，很慶幸，還好那時輸了。因為沒有這些「看起來」失敗的經驗，我們又怎麼能夠擁有成功的、快樂的未來呢？

塞翁失馬，焉知非福，誰知道你沒對中統一發票，卻會中大樂透？如果是這樣，又何必為了搞丟統一發票、沒中那些摸彩小獎而懊惱不已？

如果你只重視輸贏，說難聽一點，你其實很自私，你只愛自己勝過愛他。

你怕自己輸了沒面子，並不是你多重視他，你重視的，是你自己。

而你所謂的愛他，只是你想要獲得勝利的一個獎盃、獎狀而已。你想要終身展示著自己所謂的「成功」。

你的愛情只是一場比賽。

愛情裡根本沒有輸與贏，只有愛與不愛。

與其跟那些不愛你的人去爭輸贏，不如放下、放棄那些傷害和執著，贏回你的自尊、你的人生。

真正的愛，是唯一、是信任、是不懼怕，是不懷疑，讓你快樂、愛自己，擁有全心全意的安全感。

那些讓你害怕失去的，都不是真正屬於你的。讓你失去自我的，也不是真正適合你的。讓你沒有自信、自我否定，更不是真正的愛。

愛與不愛，根本不是競爭。真正的愛，也是競爭不來的。

你只是怕輸愛贏，別欺騙自己那就是愛情。

5

PART

關 於 婚 姻

如果找不到能支持你的另一半，就保持單身吧！

讓一個女人在愛情、婚姻裡變得更美的祕訣：
支持她！肯定她！當她最好的隊友！

　　最近跟好姊妹們相聚，許多三、四十幾歲的女人們，越來越美麗，充滿了活力！

　　有的努力創業，有的當快樂的單身女郎，有的揮別婚變過得更好，有的找到未來的另一半，也有的結婚多年還是幸福甜蜜。

　　有時看到許多人發問的感情問題，我在想，許多女人的低潮或「自認」人生失敗，都是敗在感情。然而，仔細想想，需要被不好的感情毀了自己的美好人生嗎？

　　常跟許多已婚的女生朋友討論到，女人寧可保持單身！如果找不到能支持你的另一半，真的單身還比較快樂。許多婚後不幸福的女人都說，如果可以重來，她們也想回到單身。

　　如果對方不能支持你，甚至會消耗你、傷害你，那麼，保持單身其實更好。尤其是看過很多在婚姻裡受到太多壓榨和糟蹋的故事……如果單身時多想一想，不要急，結婚後多保護自己，不要放棄自我，或許，你會不同。

　　在步入婚姻時，我很清楚我要的是什麼樣的婚姻生活，可能是因為我本身很晚婚，看多了婚姻問題，所以頭腦也很清楚。我單身時自給自足過得很開心、很好，我要的婚姻如果會讓我不快樂，甚至會消耗我，那麼我寧可不要。我要的是能夠 1＋1 ＞2 的婚姻關係，兩個人在一起能夠讓彼此更好，這才是會讓人進步、成長的關係。

　　所以我必須擁有我的事業和夢想，這一點是絕對不會因為婚姻放棄的。我的另一半也是支持我、鼓勵我的人，他並不會要我去放棄自我，或讓我為婚姻失去自己，這是我覺得最重要的部分。

　　在婚姻裡，我可以有決定權，決定我要做什麼、不要做什麼，做一個自主的人，他並不會用什麼傳統、壓力或包袱來限制我，或是一定要做什麼、配合什麼。譬如說做家事，我們都會分工，我想做的家事我就做，我跟他都不想做、做不好的，就找專業的來做。這樣我們都不用逼彼此，兩個人都快樂。

　　譬如說跟婆家的溝通，我們也是很互相尊重，婆家從來不會要求我要做什麼（我回婆家什麼都不用做，公婆對我非常好，甚至只要我試著想洗碗，就會被趕走），要怎麼過日子，都是我們夫妻決定就好，公婆從來不管，也不插手我們的事。這更讓我覺得互相尊重的家人、婚姻關係，才是幸福快樂的根源。

　　我也擁有自己的朋友圈，我們也互相尊重彼此的不同和興趣，另一半可以有獨處的時間做他的工作或休閒娛樂，我也可以有自己的時間和空間去創作，或是做我想做的事。這讓我們的感情更好，有時各自忙碌後，再相聚的感情會更好。我們不會硬逼對方一定要陪自己做什麼，我可以一個人逛街，他可以一個人去喝咖啡，其實讓彼此保有一些自己想要的時間，也是讓感情更加溫的方式。

　　我相信，兩個人在一起總是要互相協調，找出一個適合你們的方式。前提是，你做什麼都是甘願、快樂的，而不是總覺得自己委屈、犧牲、不平衡。

　　如果有什麼覺得不平衡、不舒服的，我不會生悶氣，我會去跟他溝通，告訴他什麼我可以，什麼我不行。在婚姻裡，我從不用委屈自己的方式去過生活，不代表我不會付出，或我對他不好，而是我希望我做的任何事情都是發自內心的快樂和甘

願，如果我不快樂，這樣的付出就沒有任何意義。不是嗎？

很多人進入了婚姻，發現另一半並不支持自己而感到痛苦。我覺得，這可能是因爲缺乏溝通，但也有可能你遇到的他本來就是一個自私鬼，也是一個不夠在乎你的人。

所以要進入婚姻前，一定要想清楚、看清楚，確定他是對的人。進入婚姻後，還要不斷的溝通、協調，找到適合你們的生活方法。這一切都是要努力、要用智慧，而不是靠運氣而已。

年紀越長，看過的婚姻越多，更覺得「支持」是婚姻裡最大的力量。支持來自於雙方，就如同付出也是雙向的。如果彼此不能互相支持，互相拖累。即便當初再多的愛，最後也會耗損，甚至變成仇人。

如果不能找到支持你的另一半，就保持單身吧！與其快樂的單身，也不要隨隨便便、將就的進入不適合你的婚姻，讓自己不幸。不是嗎？

我可以跟你一起賺錢養家，
也可以貌美如花

　　最近常聽到許多女人聊到，為什麼女人困在不幸的婚姻卻不離開，她們說有兩大原因：**沒有經濟能力、沒有自信。**

　　因為離開職場太久怕賺不到錢，以至於在經濟方面仰賴對方，所以無法獨立。從前聽到對方說「**不要工作了，我養你一輩子**」可能會覺得甜蜜，但現在她們說聽聽就好，因為可能只有一陣子，或者根本養不起你。許多過來人說，為家庭付出被當作拿人手短、不事生產，其實更不開心。

　　沒有自信，是害怕離開了這一個爛人，找不到下一個更好的，所以將就、忍受。因為不再打理自己，沒時間對自己好，也對自己更沒自信，更害怕對方劈腿離開。最後拖著拖著，人生就在怨恨中過去了。

　　有句話說：「你負責賺錢養家，我負責貌美如花。」我覺得更應該是：「我可以貌美如花，也可以賺錢養家。」如果可以同時兼顧美好的外表，又可以有自己的收入、經濟能力，這不是更好嗎？

　　畢竟，只負責「貌美如花」的風險太高了吧！年老色衰該怎麼辦？如果想靠美色勾住男人，只怕你老了永遠都有比你更年輕、更美麗的，不是嗎？現在的女人更要有危機意識，而不是以為愛情可以當麵包，作為維生的方法。那麼，沒有愛情、對方不愛你了，你不就什麼都沒有了嗎？

　　我見過不少女人就是一失去男人、失去婚姻，就什麼都沒有了。因為她們的一切都是從婚姻中得到，沒了婚姻，連謀生的能力都沒有，再開始為自己努力就會比較辛苦。也有不少人選擇睜一隻眼閉一隻眼，因為沒有信心離開婚姻可以過更好的生活，所以即使再不幸福，都只能忍耐。

　　很多職業婦女說，有自己的收入在婚姻裡比較能有平等，及較多的尊重。家事也應該是兩人共同負責，不只是女人的工作。

　　所以，許多女人一致認同，要讓自己幸福，並不是靠愛情、靠婚姻、靠別人。而是，靠自己！

　　你要讓自己過得好、經濟獨立，讓自己內外在都要提升。讓自己變美、變瘦、變聰明、變得更有智慧，並不是為了男人，而是為了自己。

　　你知道，你並不會因為失去了他，就失去全世界。你也不會因為誰不愛你，就活不下去，誰不養你，你就沒有選擇。

　　你可以相信愛情，努力去愛，用心付出。但是，你也要懂得保護自己，設定停損點，拒絕受傷害，隨時懂得認賠殺出。

　　因為不一定會天長地久，所以你更要懂得珍惜當下。如果對方不一定能靠一輩子，你隨時要懂得靠自己。

♥　　　　♥　　　　♥

　　現代人的感情經營不容易，你更不能因為結了婚就擺爛、不再付出，或理所當然、不珍惜對方的好。不去耕耘、灌溉、清

理、疼愛的關係，就算沒有外人侵入，也不會幸福快樂。

　幸福不是去等待、去得到，而是我們要先給予自己，才能創造。別人給的都是多的，你自己能給自己的，才是屬於你的。

　為了幸福努力，也要為了自己努力！

不要為了錯誤的理由結婚

千萬不要自己騙自己，一個不適合的人，並不會因為走入婚姻而變得適合你。

　　有許多單身女生朋友笑說，很多已婚的人妻都會勸她們：「不要結婚！」聽了她們也嚇到，我笑說，我會說：「不要『隨便』結婚。」

　　因為進入了婚姻這個門後，你才懂，很多婚姻的辛苦（尤其對女人來說），是單身者無法體會的。如果你沒有把握對方真的是適合步入婚姻的對象，或許深思熟慮一下會更好。

　　曾看過日本知見心理學的權威栗原弘美寫過一篇文章：〈絕大多數的夫妻是為了錯誤的理由結婚〉，當時看了很震撼，但是對比現實生活中所看見的許多婚姻，卻不得不認同，因為「錯誤的理由」而造成的婚姻問題或不幸福，真的比比皆是。

　　什麼是錯誤的理由呢？譬如說：為了結婚而結婚、為了年紀而結婚、為了生子而結婚、為了解決生活的不順遂而結婚、

為了改變對方的壞習慣結婚，為了爭奪劈腿的另一半結婚、為了想找個父母滿意的對象結婚、為了飯票結婚、為了失戀而結婚……你可能聽過更多理由，他們結婚的原因並不是真的兩個人很適合、足夠相愛，或對未來有共同目標，也不是兩人價值觀、生活習慣相似……

這些為了解決問題而結婚的，通常帶來的，會是更大的問題。

許多女生一到了三十歲的關卡，就會覺得自己如果不趕快「嫁掉」，以後就會沒人要。因為自己給自己，或來自家人的壓力，讓你做出倉促的決定，可能婚後才會後悔。其實，現在的時代，早已不是女人越老越沒價值，很多女生過了三十後才更成熟、有智慧，也更懂得自己要什麼，有一些社會閱歷後也更能找到適合自己的對象。

如果只是自己給自己壓力，認為自己會貶值，那麼，你更局限了自己的眼界。你貶低了自己，男人自然會看輕你，不是嗎？

眼見許多人因為錯誤的理由結婚，後來因為婚姻不幸福選擇離婚，才感嘆自己當時太貿然的決定。年輕的時候，對婚姻有憧憬，覺得結婚就是幸福、快樂、永遠的象徵，但是現在的時代，永遠並不容易，要兩個人契合、有共同目標，感情要經

營、禁得起考驗，是件並不容易的事。

踏入婚姻後的人，更能理解「婚姻並不是用來解決問題」的，也不是拿來逃避現實的，而是有更多的現實、問題接踵而來，如果彼此感情不夠穩定，兩個人不能一起去面對、解決，最後剩下孤軍奮戰，只會讓你覺得結婚比單身還孤獨寂寞。

婚姻是選擇一個可以跟你一起生活的人，我覺得，你要真正了解自己適合什麼，不是別人說好就好，或是單純看條件，而是去相處、用心感受，把自己對婚姻的不實期待、盲點拿掉，先把自己的問題解決，把彼此的問題解決好，而不是期待婚姻可以為你解決問題。

更重要的是，要仔細觀察對方到底是不是一個能跟你一同生活、能彼此支持與鼓勵、同心經營婚姻的人，千萬不要自己騙自己，一個不適合的人，並不會因為走入婚姻而變得適合你。

女人不要給自己壓力或設限，為了未來幾十年的幸福人生，你更要多聽、多看身邊的婚姻例子和建言，拋開對婚姻的夢幻期待，在婚姻之前、結婚之後，還是保有思想、行為和經濟的獨立，不要因為婚姻讓你的人生不再成長。

聰明的女人，不要讓婚姻選擇你要過什麼樣的人生，而是自己決定你要什麼樣的婚姻生活。

不要期待男人
自動為你做什麼

與其要他猜，不如讓他知道你要的是什麼。希望他幫忙、
分擔，就好好的讓他知道。你喜歡什麼、不愛什麼，明白
的告訴他，不要讓他一直踩地雷。

看到許多人妻對另一半不滿的原因是：「為什麼他不會自動
自發去幫我做些什麼？」

「為什麼他不會知道我要什麼、不會察覺我的需要？看不出
來我在生氣了嗎？」在戀愛的時候，也會有不少女生有這樣疑
問。

所以女人會失望，會覺得對方不了解她、不關心、不重視
她，然後不滿、失望……

其實你要知道，男人的大腦構造跟我們不同，除了少數天生
細心敏感的男人，大部分的男人都不會神預測你要什麼的！

所以很多人妻經歷了真實婚姻後（從墳墓爬起），才會疾

呼：「男人要叫得動很重要，一定要學會叫對方做事！」

但我覺得「叫」男人的方法很重要，不是很兇的去命令、罵對方，這樣會讓對方覺得就算做了也不開心，而是，笑咪咪、和顏悅色、語帶威脅（喔不，是撒嬌）的跟對方要求。

堅定而溫柔的跟對方說出你的需求，明確的表達你希望他幫忙的地方。然後讓他知道：「你這麼做，我好開心、好愛你。」「你真的是一個好男人，跟你在一起好幸福～」「謝謝你幫了我一個大忙，沒有你不行。」之類的，當他做了，你也要馬上感謝、讚美，這樣才會有下一次。

最傻的女人是「不說」，自己生氣拚了命的做，對方也不知道要做什麼，於是你不開心罵他，他也覺得莫名。最後可能你累得要死、氣得要死，變成黃臉婆也得不到感恩和體諒。

你問：「難道沒有自動自發、不用說就懂我要什麼的男人嗎？」當然有，只是很少。

我很幸運，我的另一半就是比我細心的人，所以我常會變成少根筋男生的角色（是我被唸），哈哈哈！所以我懂大部分男人的苦，因為我也是一個不會想太多的人，另一半一開始總會唸我：「你怎麼那麼不細心，怎麼沒想到，真的很不像一般女生。」不過，久了他了解我的個性，也找到跟我溝通的方式，就是要什麼就跟我說清楚。因為我真的猜不到啊！

我覺得女生要拋下對男人的過度期待，與其要他猜，不如讓他知道你要的是什麼。希望他幫忙、分擔，就好好的讓他知道。你喜歡什麼、不愛什麼，明白的告訴他，不要讓他一直踩地雷。

　　還有最重要的是，你的原則、底線是什麼，不能接受的一開始就要說清楚，否則當你一步步退讓後，又怪別人吃你夠夠，其實是你自己不說啊！

　　好的另一半是自己培養出來的（當然，本質不能太差），快樂的感情生活也是自己創造的。

　　放下少女的期待，更有智慧的掌握自己要的幸福！告訴他：「其實你這麼做，我會很開心的，謝謝你！」

　　神隊友、豬隊友都是自己養出來的，早點教育比較有效！

他的朋友都是髒東西，
只有他是好的，你信嗎？

挑選伴侶，看他的朋友大約可以了解他是什麼層次。朋友
都是髒東西，他也不會是什麼好東西。畢竟，要在很髒的
環境下，潔身自愛太不容易。

如果另一半要去參加朋友的告別單身派對，而且是玩得很瘋
（上酒店）的那種？該不該讓他去？

有人說：「就大方讓他去，反正你准不准他都會去。」

有人說：「絕不可能，如果玩過頭怎麼辦？如果以後他都要
跟朋友去玩怎麼辦？」

好問題，若問我，我完全沒有這方面的煩惱，因為我的另一
半沒有這種愛玩的朋友，他不跟這種人做朋友。所以我不用煩
惱很多人所謂另一半有酒肉朋友、狐群狗黨的問題（真的好清
爽啊）。

曾經遇過一對Couple快要結婚，男方早已安排了滿滿的告別
單身酒店狂歡趴，婚禮的瑣事他都不在乎，只在乎他的Party要
怎麼玩，而且完全不忌諱在未婚妻前面講。我只覺得超傻眼，
更傻眼的是他還熱情邀請我另一半去參加他的酒店狂歡趴。

當然他拒絕了，他說不欣賞這樣的男生，在他眼裡，只有愛妻愛小孩、有責任感、認真又正直的男人才是值得交的朋友。這就是我欣賞他的原因！

　　到了一個年紀，你會發現，「人品好」才是值得託付終生的對象。就算再帥、條件再好，品行不好，都沒用，只會給你帶來無限的痛苦。

　　就像我很難想像，跟一個酒店咖結婚，然後每天要裝大方讓另一半去玩，這樣的婚姻你要嗎？

　　或許條件很重要，但他的條件再好，都是他的不是你的，他不愛你又與你何干？不如把自己條件提升、讓自己更有能力、實力去選擇，而不是被選擇，或被迫接受不平等的關係，被糟蹋又無法離開。

　　有人說，他的朋友都是髒東西無法改變，但只要他不學壞、不做壞事就好。你期待對方出汙泥而不染，但很多情況，那些做壞事的朋友都是一種「共犯結構」。

　　有朋友說，她前夫就有一群壞朋友，他們會有「老婆局」和

「小三局」，大家會規定好今天要帶老婆還是小三。本來她老公也好好的不跟風，最後還是有了小三。

挑選伴侶，看他的朋友大約可以了解他是什麼層次。朋友都是髒東西，他也不會是什麼好東西。畢竟，要在很髒的環境下，潔身自愛太不容易。

那麼，不如好好清理自己的交友圈，跟你真正尊敬、欣賞、敬佩的人做朋友。

也好好思考，你要的伴侶，他的往來對象，還有他的自制力和價值觀。跟一個人品好的伴侶在一起，你才會有安全感。

最重要的是，他重視你的感受、尊重你的想法。如果他這麼的需要這些酒肉朋友，就叫他好好當個快樂單身漢，不要隨便結婚害人。

人哪有這麼多不得已要玩的理由，都是自己愛玩！

姐警示語：婚姻無法改變男人，只會改變你的人生。
小孩無法綁住伴侶，被綁住的只有你自己。
最慘的是，他活得像單身，你過得像單親。

他愛的，
是笑口常開的你

聽過一句話：「男人要的不多，就是一個笑口常開的老婆。」讓他覺得跟你在一起很自在、很開心。嘿！女人要的也是一個能讓我們笑咪咪的另一半啊！

跟他在一起的時候，你越來越少笑了嗎？

很多女人覺得男人要的是一個好女友、好老婆、好媽媽……把許多責任扛在身上時，有了壓力、有了要求，也越來越少笑容。

當然，不是說當一個好的角色不對，沒事我們也不想當壞的啊！

只是往往你太專注在哪裡沒做好的同時，眼裡只看見對方的缺點，看見生活的不完美、凡事的不足，而忘了去感謝、珍惜，欣賞那些你本來就擁有的東西。

常看到已婚的女人，每天都是怒目對著另一半，嫌他哪裡做得不好，甚至拿來跟別人的伴侶比較。在網路上公開數落、批評對方，我看了都覺得心驚膽跳。如果婚姻只剩下咒罵，或你表現出來的都是負能量，對方會喜歡這樣的你嗎？你也不會喜

歡這樣的自己吧！

女人會說，因爲他都無法讓我滿足、不能讓我開心，總是惹我生氣啊！那麼，當初在一起、結婚，相愛的時候呢？你們不也是很快樂嗎？爲什麼會走到這個局面，是不是要好好想想，在相處上，你們少了什麼？

是不是少了包容、少了諒解，還是少了一句感謝，或一個笑容？

朋友說：「一段關係幸不幸福，就看女生笑的時候多，還是怒的時候多。」聽了笑了，因爲我不只每天都在笑（像肖婆），連另一半都被我影響變成笑點低的人（這是好事嗎？哈！）

她們問：「難道都不會生氣、罵人嗎？」

我說：「其實人都會有脾氣啊！但我努力不把脾氣發在別人身上，有時想一想也覺得沒什麼啊！不必把小事化大，重點是，想要好好在一起，就要用想在一起的方式解決，而不是用趕走對方的方式。」

既然，我還想跟對方在一起，我就會用「在一起」的結果去處理事情。如果我已經不想在一起了，我自然會用「不在一起」的方式去處理。從結果來推論執行方式，這是我的思考模式。

而且，會想要「讓」對方都是因爲愛，如果不愛了，根本就不會體諒對方了，不是嗎？

婚姻是修行，我常這麼想，修自己，也是修彼此。如果自己脾氣變好，對方也會被影響變好。這是雙贏！

　　（當然，如果對方很差，不值得你對他好，你也要想想Plan B了。）

　　聽過一句話：「男人要的不多，就是一個笑口常開的老婆。」讓他覺得跟你在一起很自在、很開心。嘿！女人要的也是一個能讓我們笑咪咪的另一半啊！什麼是幸福？就是這麼簡單。

　　所以身為老婆，我最重要的任務就是每天要讓自己開心，就像我另一半的名言：「Happy wife, happy life.」我如果不開心，他也不好過。哈！

　　女人要先懂得取悅自己，而不是等著男人來取悅我們。總是等著別人讓我們快樂，太辛苦了。如果你也是一個懂得「自得其樂」的女人，好好愛自己，生活過得豐富精采，散發著快樂的吸引力，你的另一半也會深深被你吸引，不是嗎？

　　當然，你也要讓對方知道，為了讓老婆快樂，他也要付出努力。譬如說，要主動做家事、帶老婆吃好吃的、要做一些貼心的小舉動……因為你值得他對你好。

　　如果，你在一段關係裡，生氣、悲傷的時間比笑的時間還

多，或許，你該想一想，做點改變，或做新的選擇！

別忘了當一個笑口常開的女人，因為你是一個家庭裡最重要的角色！

另一半的口頭禪是：
「老婆開心，我就開心」

有次我跟另一半說：「我覺得你跟我爸有一個共同點，就是對自己很省，但對另一半、家人很大方。」

我爸超節儉（省錢到無法理解），但對我們家人從不計較。他穿淘寶超便宜球鞋很自豪，但買房子登記在妻女名下；自己吃很省，但跟家人吃什麼美食都好。

我的另一半，穿著十年的西裝，只有五雙鞋，每次我要買鞋給他，他就說不用了，他鞋子很多（我是他的……倍怎麼辦）。

他總是先把好吃的給我吃，然後默默把我不喜歡吃的先夾走。他知道我不會啃魚骨，每次吃魚都把肉夾給我，他默默的吃骨頭旁邊剩下的魚肉。他笑說，以前他也都是吃魚肉的，現在肉都要留給老婆吃（真窩心）。

　　他總是先照顧我，凡事以我為優先，先顧慮我的感受。但他不是無理的寵我，而是尊重我、支持我，也希望我改進缺點，變得更好。

❤　　　　　❤　　　　　❤

　　年紀漸長，你會懂，一個人是不是真正愛你，看的都不是表面，而是你內心真實的感受。不是說好聽的話、許諾做不到的事，而是，他用行動讓你安心、信任，給你力量。

　　他可能沒有非凡的條件，可能不夠浪漫，可能有時嘴巴不動聽讓你不開心。但是，他卻給你最實在的安定。

　　看得越多，你會懂，幸福不是表面、也不能比較。你不必貪心，也不要委屈。不須羨慕別人，而是過好自己的生活。

　　每個人的幸福都不同，過的人生也不一樣。

❤　　　　　❤　　　　　❤

　　一個人是不是把你放心上，你會實實在在的感受到。

　　他會希望你跟他在一起開心，他捨不得你難過，不希望你失望，他會珍惜你的付出，感謝你對他的好。

遇到這樣的伴侶，要好好愛惜、知足。

謝謝你喜歡看我開心，我也會努力讓你幸福。

另一半被搭訕，
你會擔心嗎？

在你還愛他、信任他時，就好好的去愛，去享受愛吧！

　　跟朋友聊到，會不會擔心另一半被搭訕？我說，我都笑笑的故意站遠遠看戲，跟對方說：「Enjoy~」我倒是不擔心，也不會生氣，只覺得有趣。

　　朋友說，她就無法，因為還是會緊張、擔心。她問：「要怎麼辦到？」我笑說：「就對他有信心，對自己有信心囉！」

　　信心，是相信自己的選擇，也相信對方。

　　另一個朋友說：「看得到都好，最怕是看不到的。」也是。

　　我覺得，要談那種防來防去、騙來騙去的愛情，年輕時經歷過、痛過就好了。最後選擇伴侶，要找個你能百分之百信任、互信的，這樣才能穩定幸福。

　　猜疑，是很累的。你懷疑他，或許是你打從心裡不相信自己的決定。

但如果，你很有信心，但對方無法拒絕誘惑，或又被騙呢？我想，那就算了吧！他可能本來很好，但後來變了，你們本來感情好，但後來變了。「變化」本來就是人生的風險。

所以，在你還愛他、信任他時，就好好的去愛，去享受愛吧！

在他不愛你了，而你也不愛他時會知道，你依然可以好好生活，好好愛自己。不必因失去一段愛情、婚姻，而失去了相信「愛」的能力。

換個角度想，有人欣賞你所愛，代表他也是值得欣賞的對象，不是嗎？

這個年代，誘惑不稀奇，面對誘惑的態度，才是重要的。不是嗎？

姐的態度：當個疑神疑鬼、管東管西的「肖查某」真的很沒魅力啊！不如，我們把自己照顧好，提升自己，讓對方來擔心你，扭轉情勢不是更好。

在婚姻裡沒有戀愛的感覺？

愛情、婚姻裡常會有個盲點，你總是看親近的人的缺點，
但看著外面的人的優點。
你總是覺得伴侶對你付出都是應該的、理所當然的，但是
外人對你的一點點好，你就當作莫大的恩賜。

「我在婚姻裡沒有愛的感覺……」已婚男性友人哀怨的說。

「此話怎說？」姐眉頭一皺。

原來是此男最近從一個公司新進的小美眉中感受到戀愛的感
覺，他給我看他們的LINE對話，女生傳了許多曖昧又可愛的親
親、抱抱貼圖，寫著：「安安，主管你今天好帥唷！」「工作
辛苦了，要早點睡喔！」「喝多了要安全到家喔！不要讓人擔
心唷！」「生病了要記得吃藥藥喔！」

然後他很感動，因為小美眉有時去便利商店會順手買一杯他
喜歡的拿鐵給他喝。他覺得老婆都不關心他，而一個小美眉居
然這麼在乎他。

這讓我想到他那個漂亮又溫柔的老婆，結婚多年要應付他難
搞的媽媽，每天上下班接送小孩還要做隔天便當，沒有讓男人
打掃過家裡、洗過碗，努力工作一起分擔家用，讓男人沒有後

顧之憂，今年生日還送了他一組昂貴的高爾夫球具……

但是男人說：「我覺得我老婆都沒這麼貼心……我該怎麼辦？」

「這個可解！」我自信滿滿的大笑。

「怎麼解？」

「從現在開始，你自己應付你媽，每天換你接送小孩『順便』做隔天便當，換你打掃家裡、洗碗，你多賺一點讓老婆不用那麼辛苦，還要記得她生日時送上一份大禮。

然後，你老婆只要下載一百種時下可愛的LINE貼圖，每天傳親親抱抱的圖給你，跟你說『安安』『好帥』『記得回家』『生病記得吃藥喔』這些對話給你。每天買一杯city cafe給你喝。相信你也會有戀愛的感覺唷！啾咪！」我立刻翻了白眼。

「哈哈哈！」男生聽懂了，尷尬的大笑。

我又想起曾聽過「只想戀愛不想結婚」的男生朋友說不婚的理由：「對女朋友好，她會驚喜會感謝，但是結了婚後，女生就會理所當然，做了不感謝，不做還被嫌。」

我曾不以為然。但是想想，是不是人性皆是如此，在眼前的都不會珍惜，得不到的或是還沒得到的，總是比較美好？

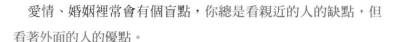

愛情、婚姻裡常會有個盲點，你總是看親近的人的缺點，但看著外面的人的優點。

你總是覺得伴侶對你付出都是應該的、理所當然的，但是外人對你的一點點好，你就當作莫大的恩賜。

你總是忽略他曾為你做過的，計較著他沒有做到什麼。

你總是對他發洩情緒、負能量，卻對外人恭敬有禮。

你總是嫌棄他哪裡做得不夠好，但對外人卻總是讚美。

你對他一句「謝謝」都捨不得說，但是每天對著陌生人說了無次的「謝謝」。

如果你總是不珍惜自己擁有的幸福，憑什麼去追求你要的幸福？

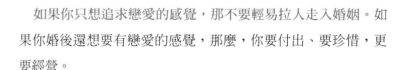

如果你只想追求戀愛的感覺，那不要輕易拉人走入婚姻。如果你婚後還想要有戀愛的感覺，那麼，你要付出、要珍惜，更要經營。

婚姻並不是說「我愛你」就好，而是去做很多愛你，但你不一定感受得到的事。

打嘴砲的愛，不是愛。懂得珍惜的人，才值得幸福。

如果人生重來，
你還會跟他結婚嗎？

為了遇見對的人，多繞點路、多花點時間，又有什麼關係
呢？晚一點來，也沒什麼不好阿！

　　十年前正當要面臨三十歲大關時，我和一個女生朋友正為了
要不要跟男友分手困擾，她說她的男友太差勁、愛玩又沒有責
任感，很想跟他分手。我也恰好想跟當時交往的對象分手。那
一個下午，兩個人下定決心說到做到！

　　但過沒多久，她跟我說她要結婚、不分手了，我嚇了一大
跳，原來是她發現自己不小心懷孕了，所以接受命運的安排，
嫁給當時她想分手的男友。看著她挺著肚子辦喜宴，笑起來好
幸福，我深深的祝福她！

　　而我，那時分手了。面對三十歲，我發現我要的不是用婚姻
束縛我、壓抑我夢想的人。我生來叛逆，不愛接受命運安排，
我喜歡創造命運。

　　我知道三十歲結婚的我肯定不會幸福，因為我還有太多事情
想要去做！

　　這幾年來，婚後她陸續生了小孩、辭掉她夢想的工作、當家

庭主婦。我也比較少跟她聯絡了，到前兩三年才聽到她離婚的消息，因為另一半家暴又外遇，嚇了我一大跳！

但，冷靜下來想想，我是不驚訝的。三十歲以前的我們，以為愛情可以感化人、婚姻可以改變人，但是經歷了歲月的歷練，近四十歲的我們相信，人是很難被改變的。

身邊太多離婚的例子告訴我們，不管生幾個小孩，沒責任感的就是沒有，愛玩的就是愛玩，你永遠無法用婚姻去綁住你以為的愛情（最後綁住的都是自己）。

前些日子遇到她，她說很替我高興，人生風風雨雨最終擁有幸福的婚姻，我也很心疼她，離了婚後重回職場打拼，還要帶孩子。但她依舊很堅強，重拾興趣笑著說要實現結婚前就想完成的夢想。

還記得我問她：「如果人生重來，你還會跟他結婚嗎？」她笑說：「如果可以選，當然不要！但是我不後悔生下我的小孩。」

我想，每個離異的女人都類似，她們不會後悔生小孩，但是

後悔跟「誰」生。

　　之前曾在網路上看過若拿這個問題來問許多已婚的人，會有什麼答案，出乎意料的，很多人都說若人生重來，不會跟同一個伴侶結婚。如果問我自己呢？

　　我想，我是不會後悔的。我這麼晚婚是有道理的，因為我生性叛逆，不會為了結婚而結婚。人可以結婚的機會或許很多，但是soulmate難尋。為了遇見對的人，多繞點路、多花點時間，又有什麼關係呢？晚一點來，也沒什麼不好阿！

　　跟她道別後，那一路上我想著，這十年來的改變。幸福早到或晚來，其實都有它的步調，人生總是不斷的選擇，你選了什麼，必然放棄什麼，你放下了什麼，就得到了什麼。

　　有人說，愛情是動心，婚姻是安心。說真的，安心比動心難太多了！

　　如果再來一次，你還會跟他在一起嗎？你還會跟他結婚嗎？

　　嗯，這是一個好問題。

等我小孩大學畢業，
我一定要離婚！

為什麼要忍？因為委屈就能求全嗎？求什麼全？健全的家庭嗎？沒有愛的家庭，沒有一個人在家裡面是快樂的。

　　見到這個婦人不到幾分鐘，她跳針般的說著：「等我小孩大學畢業，我就要離婚！」旁人問到，為什麼要等？

　　聽到她的故事，有點悲傷，二十多年來不幸的婚姻，遇上了不愛她的老公（十幾年不碰她），他不斷外遇，而她又要每天面對難搞的婆婆，但她總想著：「只要忍耐，等小孩長大……」

　　直到她的女兒受不了，覺得媽媽病了，帶她去醫院掛身心科，於是她過著抗憂鬱的日子繼續死撐。旁人想勸她、幫她，最後得到的結果還是：「等我小孩大學畢業……我再離婚吧！」

　　有一天，她發現女兒在家自殘，原來是女兒談戀愛，愛上了一個劈腿男，但愛得太深，選擇不斷原諒，最後還是崩潰。

　　她聽了很心疼，大罵女兒：「你為什麼要愛這個爛人？為什麼要忍受他劈腿？他有什麼值得你愛！」

女兒回罵她：「你有什麼資格告訴我『不要忍耐』！」

那一刻，她突然傻住了。

原來，女兒正在複製她的人生，複製她的不幸。

原來，她的身教是告訴女兒：要忍受不幸。

聽到這裡，我很難過。我相信，社會有一定有很多類似這樣的故事，很多人一樣在忍受不幸，為了孩子承受著痛苦，但是，苦盡一定會甘來嗎？還是，你的孩子其實一點也不希望你受苦？

更可怕的是，用自己的受苦來當作情緒勒索：「因為我為你忍受了痛苦，所以你更要愛我、回報我、聽我的話！」

他們總說：「我是為了孩子。」但會不會有一天，孩子比你想得還清楚明白，他們會更希望你當一個快樂的爸或媽？而不是為了他不快樂？然後，讓他們活在你（們）的不快樂？

為什麼要忍？因為委屈就能求全嗎？求什麼全？健全的家庭嗎？沒有愛的家庭，沒有一個人在家裡面是快樂的。

想到我也遇過三十幾歲就過著這種日子的女生朋友，我問她：「未來你女兒遇到這樣的另一半，你要她怎麼辦？」她生氣說：「當然要趕快離開啊！」我說：「那為什麼你做不到？」

　　這樣自虐的婚姻，不快樂的雙親，暴力的環境，是給小孩最負面的教材。你希望她未來感謝你忍辱負重，還是希望你真正快樂？

　　她哭著說，她一直很乖，聽婆家的、忍耐老公，為家庭付出很多，為什麼不能幸福快樂？

　　親愛的，很多事情並不是付出就會有收穫，愛情也不一定有公平正義，如果他不愛你，你強留在他身邊，得到的也只是無盡的痛苦。

　　你責怪著他為何傷害你，或許，是你給他機會傷害，是你奴性堅強。

　　難道，別人要傷害你，你就讓他傷？別人要否定你，你就自我否定？別人要你當奴隸，你就順從嗎？

　　許多人問到類似的問題：「我要為小孩忍耐不幸的婚姻嗎？」

　　或許，你可換個角度想，你想給小孩什麼榜樣？

　　當你是孩子學習的對象，你希望你的孩子在你身上學到什麼？

　　你要幸福，並不是把主宰幸福的決定權交給別人。

　　你要快樂，也不是把決定快樂的主控權交給別人。

　　他不給你幸福，你就不幸了嗎？

　　嘿！做一個有能力、有勇氣給自己幸福的人吧！

　　不要再讓你的父母、你的孩子、你的朋友心疼你了，好嗎？

　　親愛的，做一個勇敢的人吧！勇敢面對自己、面對不幸，然後勇敢的為自己的人生去改變、去創造你要的幸福！

我感到幸福，
是因為我看到你幸福

我感謝他對我的付出，我也樂於對他付出。原來這樣的關係是多麼美好，我才懂，原來更高層次的幸福是一種看著對方過得幸福，自己也能從中得到滿足。

吃飯的時候，發現另一半點了一條烤魚給我吃，我嘮叨著說：「下次不要點魚啦，好貴耶！」但還是默默吃掉了。他說，知道我喜歡吃就偷偷先點了。

我很笨拙不會吃魚，只愛吃肉，不吃皮，也不會啃魚骨，於是，肉都是我吃，他都吃剩下的。他笑說：「以前都不啃的，現在為了你不吃才吃的。」（好啦，我也有分他吃肉。）

想一想，幸福大概就是這種生活裡平凡而微小的感動吧！（外加一些愛的碎碎唸。）

現在年紀長了，更能體會，有一種幸福是看見對方幸福。

也更能理解，什麼是踏實的幸福。是日常生活的關心，把你放心上，比你還先想到你的需求、在意你的感受。

這樣的踏實，比起說好聽話哄你，甚至騙你，只是想偶爾對你好、打發你，或做表面功夫，是完全不同的。說得好，不如

做得到。

　　朋友曾說：「面子的幸福，不如內心的幸福。」很多人會拿面子上看起來的幸福，來說服、欺騙自己，甚至欺騙別人。其實，內心不穩定，外在的幸福、對你好都只是假象。

以前年輕時，以為幸福是對方為你做什麼而讓你感到幸福，以為被愛才是幸福。但是久了後，發現這樣並不是真心的快樂，如果跟一個你不夠愛的人在一起，即使享受著他愛你、對你的好，久了你也會覺得很空虛、得不到真心的喜悅。

　　而，總是跟別人要幸福，也是一件很辛苦的事。就像我上一本書《美好的愛，是先給自己幸福》中寫到，幸福其實是我們要自己先給自己，而不是一直希望別人給你。如果他給了你，將來不給了，你不就沒有了嗎？

　　以前的我，也以為向對方要求幸福的表示或保證，就是愛情。但現在想起來，覺得太自私也太愚昧了。如果對方夠愛你，根本不需要你去要求些什麼。如果他不夠愛你，你也要不到不屬於你的東西。就算他證明了什麼，那也不是長久的，這樣的感情談久了，也只剩下爭吵和不愉快。

　　但如果是自己付出比較多、比較愛對方呢？

　　這或許也是幸福的一種形式，但是最後變成單方面的付出，

即使會感到快樂，也會不平衡。不是雙向的感情，也無法長久持續。

　　或許我們花了很多時間去尋找幸福、找到自己要的幸福模式，最後才發現一路跌跌撞撞，終於更懂得了愛。當我遇見另一半，我才能理解，原來跟一個可以與你一同幸福、相愛的伴侶在一起，是多麼幸運的事。

　　我感謝他對我的付出，我也樂於對他付出。原來這樣的關係是多麼美好，我才懂，原來更高層次的幸福是一種看著對方過得幸福，自己也能從中得到滿足。

　　能當一個有能力付出的人，很幸福。你也這麼覺得嗎？當你夠愛一個人，你看到他幸福，就算是辛苦，也是幸福的滋味。所以，不管我另一半夾了多少魚肉給我吃，我都會分他吃！（笑）

You are amazing, I am so lucky!

　　婚禮上的哈利帶著笑眼對梅根說，這一刻真美。

　　朋友笑說：「想著許多人的愛情婚姻，依然會對著另一半說這句話的，應該不多了。更別說那深情款款的眼神⋯⋯只會對著手機了！」

　　我笑說：「不會啊，我還是時常覺得自己很幸運，遇到一個好伴侶！」

　　然後，努力讓對方amazing，讓他覺得跟自己在一起很lucky！

　　　　　　♥　　　　　　♥　　　　　　♥

　　遇到對的人，是幸運，經營對的關係，要努力。

　　幸福浪漫不是只有那一天，而是每一天。就算你們不再年輕、美麗，長了白髮，還能對彼此說：I am so lucky！

　　那是多麼美好、浪漫的事！

覺得自己幸運沒什麼，努力讓伴侶覺得跟自己在一起很幸運、幸福，才是最amazing的成就。

♥   ♥   ♥

我的領悟：
幸福要經營，自我更要經營。
做一個讓對方會一直想深情凝視的女人。

建立牢固的感情基礎，
勝過拚命打擊第三者

不要去捍衛愛情，而是他該來保護你們的感情。

真正的愛，不會讓你辛苦，讓你辛酸的，並不是愛。

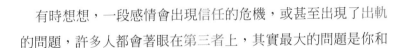

朋友說，職場上遇到的同事的老婆很愛吃醋，總是懷疑老公跟同事有染，所以常帶著小孩到公司「宣示主權」、騷擾同事，讓老公在工作的時候常要面臨尷尬的局面。

當然，她可能曾被老公騙過或被抓包過，所以過著疑神疑鬼、全面監視的生活。其實想想，她也很辛苦，兩人都辛苦。

也曾看過有人在公開的網路、FB上砲轟另一半偷吃、辱罵對方，令旁人捏一把冷汗，但他並沒有要分開的意思，只是想要教訓、發洩。那麼，接下來的日子不也是很辛苦嗎？（告訴別人他很爛，但是我還是要跟他在一起？）

有時想想，一段感情會出現信任的危機，或甚至出現了出軌的問題，許多人都會著眼在第三者上，其實最大的問題是你和

你的另一半。

第一，他本來就有問題，不是第三者也有第四者。

第二，你們感情不牢固，就算沒第三者也會有問題。

與其總是擔心害怕、猜疑著對方是不是背著自己偷吃，不如把心思用在打造你們牢不可破的感情基礎。即便他今天遇到了誘惑，他都會想一想，不去做危害你們感情的事。

誘惑、危機，每天都會有，如果你每天要防，永遠防不了。那不是很累嗎？（又把自己變成瘋女人！）

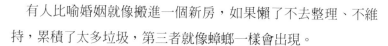

有人比喻婚姻就像搬進一個新房，如果懶了不去整理、不維持，累積了太多垃圾，第三者就像蟑螂一樣會出現。

你要做的不是每天去打蟑螂、煩惱蟑螂怎麼打不死。而是把家整理好，把關係經營好，讓蟑螂看到你家都會繞路而過。

那，如果他本身就有問題，不管你怎麼付出、努力都無法讓他愛你、愛家，那麼，你要做的更不是去打蟑螂，而是做好搬家、走人的心理準備。

天下之大，又何必委屈自己住蟑螂屋呢？

更更更重要的是，沒有自信、愛猜疑，變成「肖查某」真的一點也不可愛。連你也不會喜歡自己。

做一個有自信的女人，對你們的感情、對你愛的人有信心，他也會因為你的信任而更尊重感情。

讓自己值得被愛，讓他害怕失去你。如果他不值得你愛，你也不必害怕失去他。

因為，你該怕的不是失去愛情，而是失去自己。

不必為了不值得的愛，失去自己的自信和尊嚴。

親愛的，不要去捍衛愛情，而是他該來保護你們的感情。

真正的愛，不會讓你辛苦，讓你辛酸的，並不是愛。

與對方價值觀差異太大，
要結婚嗎？

　　有不少讀者問到這樣的問題，交往久了，發現兩人、兩家人的**想法**、**價值觀**有很大差異，或是受到對方家人不平等的待遇，甚至是談論到結婚，才發現有很大問題。

　　那麼，要因為交往久了、想結婚了、被催婚了，就要結嗎？

　　看過太多例子了，**婚姻並不能解決問題**，為了結婚而結，將會製造更多問題，只會更嚴重，不會更好。

　　如果認為結了婚、生了小孩，就可以改變對方，改善問題。那真的是太天真了，現實是，不管你生幾個，不會變的就是不會變。愛玩的還是愛玩、花心的還是花心，沒責任感的，依舊沒責任感。最後也是辛苦你自己和無辜的孩子。

♥　　　　　♥　　　　　♥

　　與對方家人的問題，如果你交往的對象根本不想解決問題，只會把問題丟給你。未來也只會變**婆媳問題**，與家人的問題也會影響婚姻。你應該聽過不少**離婚**是因為家人難相處吧？

　　在婚姻之前，許多人會美化一切，彷彿看不見已存在的問題。有的人只想著婚禮要怎麼辦，但沒想過結婚是一輩子，婚禮只有一天，未來怎麼過，幸不幸福，才是最重要的。

　　很多人會為了想結婚而勉強、委屈自己，覺得忍一下應該就沒事了。殊不知，忍一下就是一輩子，痛苦也是一輩子。可能到最後，你連一輩子都不想跟他過。不是嗎？

♥　　　　♥　　　　♥

　　「但就這樣放棄多年感情，不是很可惜嗎？」有人問。

　　如果多年來，他都無法改變、改善，怎麼覺得結婚就會自動變好呢？

　　「但我真的很愛他，我想再努力看看。」

　　努力的前提是，你們共同努力，而不是只有你一個人在拚命。

　　「他也不壞，只是生活模式跟我不一樣。」

　　婚姻跟戀愛不同的地方就是，**婚姻就是生活**，在相愛的前提下，選擇一個可以一起生活的人。

　　「他媽媽不好相處，不要住在一起就沒事了吧！」

　　不住在一起是當然，但有可能她會常來指導你做家事，三兩天來串門子，來幫她兒子折內褲，把你家當她自己家自由進出、要你每週都要回婆家⋯⋯聽過許多沒住在一起，但是也快被搞瘋的朋友說過這些悲慘故事。

　　如果家人真的很難相處，已經看到有婆媳問題了，我真心建議不要貿然進入婚姻。除非你的另一半有心去解決處理，或他會支持、挺你。真的把問題處理好，再結婚才不會陷入惡夢。

　　如果無法處理呢？看你有多愛對方？要是我會放棄。因為婚姻生活是一輩子（可能不到一輩子，但也是每日的生活），如果過得不快樂，相處起來很痛苦，最後你們的愛也會被消磨掉，相愛的人可能過幾年就沒有愛了。

　　以前可能會以為有愛就好，沒有克服不了的問題。但閱歷越多，我發現，的確就有無法解決、跨越的問題，尤其是價值觀

這種根深柢固的事。

　　現在會覺得「找一個能一起好好生活的人吧！」，如果生活都要為了一點小事爭吵、委屈、不開心，感情磨一磨，沒兩年就變成怨偶了。

　　不必試著欺騙自己穿一雙不合腳但美麗的鞋，快不快樂、痛不痛，只有你自己知道。

　　人生的路那麼長，舒服、自在、安心、信任，有一個能真正懂你、愛你、挺你的人，攜手相伴的伴侶，才是真正的幸福。

管男人、管錢？
不如管好自己！

好的男人不用你去管，不好的男人你也管不了。

很多女人會覺得管男人管得死死的，或抓住他的錢就不敢亂來。事實上，真的有鬼的，你也管不住，你以為控制金錢就可以控制下半身，殊不知不要錢的最貴，對方要的不是錢而是真愛。

總是花時間管男人，總是追著人家跑，怕別人不愛你、怕他騙你，怕會有小三、一天到晚吃醋⋯⋯你不覺得，這樣的人生很累嗎？到最後，你都討厭起自己了。

把重心都放到對方身上，最後沒了愛情、失去婚姻，對方根本沒差，你自己卻是大大的耗損。

其實，你要投注心力在自己身上，而不是對方。

不去管男人，不去控制他的錢，而是管理自己、提升自我，把管男人的時間拿來好好工作賺錢！你要保養外在，充實內在，擁有自己的興趣、社交、夢想⋯⋯

當你越自在、有自信、有魅力，男人才怕失去你！

有女生朋友說：「要拿到對方的錢才有安全感，最好薪水全交出來！」

我倒覺得，自己有經濟能力才有安全感。我笑說：「我從不管對方錢，我只要管好我自己的。我尊重他的財務自由，相對的，我也有我的經濟自主。」

況且，若你依賴對方的麵包，哪天對方不愛你了，不給你了，怎麼辦？有太多不幸的婚姻就是因為女生沒有經濟能力所以忍耐對方的傷害，怕養不起自己和孩子所以只能忍受妥協。

也見過不少總是管男人的，把自己的生活過得好緊繃，整天疑神疑鬼、偷看手機、查勤、抓姦、逼供⋯⋯好像演CSI犯罪現場。或對方根本不尊重你、不夠愛你，懶得理你⋯⋯

親愛的，你花時間心力去管這種貨色，只是降低你的格調好嗎？再說一遍，好的男人不需要你去管。

「不管他，如果他跑了怎麼辦？」

那就讓他跑啊！不夠好的、不愛你的，跑了真的是你的福報。（就怕趕不跑的恐怖情人好嗎？）

「不管他，他有曖昧、有小三怎麼辦？」

那就讓他去啊！不愛你的人離開也是你的福報。（一定要幸福喔，不幸福也不要回來！）

管好自己，就是好好的經營自己，讓自己更好，擁有人生的選擇權。讓男人欣賞你、愛你、珍惜你，捨不得傷害你，不想失去你……

你知道自己值得幸福，也不會讓不幸消耗你的生命。

不要去苦苦追著男人跑，他不會珍惜的。

過好自己、精采自己，還需要去管男人嗎？

你才怕他會想來黏你呢！

學會真心的讚美另一半

　　你常會讚美、感謝你的另一半嗎？很多人說既然都在一起久了，有沒有說出來應該都沒差吧！其實，真的有差，而且差很多！

　　我常舉例，每次我在做家事、洗碗的時候，偶爾也會覺得煩躁，另一半都會跟我說：「老婆，辛苦了！」聽到的當下，心情馬上變好，碗也洗得更開心了！

　　你很難想像一句話的威力，帶給對方的心情轉變。下一次試試看，多多讚美對方，把你覺得他的好說出來，不要害羞，也不要放在心裡，因為你沒說出來，就不懂對方聽到了會多窩心。

　　　　♥　　　　　♥　　　　　♥

　　除了讚美和感謝外，當然，如果他有什麼缺點或做得不夠好

的地方，你也要先「肯定」他的付出，再有智慧的告訴他「你
希望他能做得更好的地方」。

　　不要總是否定、批評和抱怨，最後只會換來爭吵和惡性循
環。

　　你要懂得用「好一點的口氣」說，不要說氣話傷人或人身攻
擊。肯定他的付出，然後再告訴他，你希望他能更好。

　　真心的讚美另一半，讓他知道他是值得的、是被愛的，更重
要的是，你要懂得在公開場合和親朋好友面前讚美他。讓他感
受到自己是這麼被你重視喔！

　　無論多小的小事，一定要說出感謝，你覺得他哪裡很棒，也
要說出來讓他知道。

　　親愛的，你不說出來，他不會知道。不要吝於說出讚美和感
謝（當然這要是真心的），對你來說只是說一句話，但對他來
說，卻是滿滿的快樂。那麼，你為什麼要吝嗇呢？

女人婚後的面貌，
就是她婚姻的樣貌

單身時，聽到已婚的朋友說：「女人婚後的面貌，就是她婚姻的樣貌。」當時聽了笑一笑，並沒有什麼感覺。

現在更深刻了解婚姻，也看到許多人的婚姻，我慢慢懂得她所說的那句話。

其實，不只是婚姻，愛情也是。

跟一個讓你笑的人在一起，你會每天充滿笑容，跟個讓你哭、讓你生氣的人在一起，你會哭喪著臉，長了皺紋。很多人說，幸不幸福，是寫在臉上，騙不了人的。

你跟什麼樣的人在一起，就會成了什麼樣子，有的愛情讓你喪失自我、不再自信，毀滅了你，有的愛情讓你變得更好、進步成長，更有笑容。

而你，選擇了什麼愛情，就成了你的模樣。

　當然，愛情並不是只有甜沒有苦，幸福也不是只有得到，沒有付出。

　有時候並不是別人的問題，而是我們自己。當你狀態不好，你遇見的也跟你差不多，當你不愛惜自己時，他也不會尊重你。

　人生在每個階段對愛情的期望不同，以前的我會把期望放在別人身上，而現在，我把期望放自己身上：「我希望為了你，努力成為更好的人。」

　如果我希望你愛我更久、更欣賞我，那麼，我就要成為你會想愛、想欣賞的對象。

　愛一個人，你會想付出，一個值得你愛的人，會讓你覺得辛苦也是甜美。

　有人問，什麼是愛情的真實模樣？

　是從不完美的日常，找到一點美好的趣味。是鬥完嘴、吵完

架，還是覺得非愛他不可。是你可以安心做自己，他懂得欣賞你的臭屁（誤）。

好的愛情讓你更喜歡自己，讓你們欣賞彼此，也會讓你們為了成為更好的人努力！

依然要相信愛情，祝福自己。

有伴的人好好珍惜，沒有伴也要好好愛惜自己。

先給自己幸福吧！

6

PART

姐 的 態 度

學著聊天不問人隱私，是成熟的體貼

不要隨意探問人隱私，不把自己的價值觀套在別人身上，
這是尊重別人，也是尊重自己。

　　許多人聊天總愛問人私事，甚至對他人的人生品頭論足：
「有對象嗎？結婚沒？爲什麼不結婚？是太挑嗎？年紀大了不
擔心嗎？爲什麼不生小孩？不生男的公婆OK？生一個不好吧？
爲什麼離婚？薪水多少？」你可以想到更多。

　　不管是熟的、還是不熟的，在很多初次見面的場合裡，許多
人找話題的方式就是用問隱私的方式攀談。但是，對方覺得舒
服嗎？

　　我見過不少這樣尷尬的場景，一個新朋友與一對夫妻吃飯，
我已認識夫妻許久，他們結婚十幾年了都沒生小孩，我也從沒
問他們或聊生子的話題（別人不提，我也不會問）。沒想到新
朋友一來，就問起了：「你們爲什麼不生小孩？」讓我捏了一
把冷汗，甚至聊到：「老了不會孤單嗎？不會後悔嗎？」天
啊！初次見面，也敢這樣問？

　　我心想，這到底關你屁事，別人的人生想怎麼過，他們

開心就好，如果沒有話題聊，也不必拿隱私來當話題吧！
而且，別人也沒有問你爲什麼四十幾歲不結婚啊！別人都不問
了，你又爲什麼要問呢？

把自己的價值觀建立在別人身上，美其名是關心，其實是沒
有禮貌。

而且，這並不是拉近距離的方式啊！連熟的朋友都懂得拿捏
距離分寸了，不熟的人，又怎麼會自以爲問別人私事，就可以
拉近彼此距離？

你怎麼知道，別人經歷了什麼，你的問題會不會激起他內心
的苦？到底，別人單身與否、結不結婚、生不生子、愛做什麼
工作、喜歡什麼性別……跟你何干？

我單身時，也常被一些年紀較長的男性問到：「年紀不小還
不結婚，不要太挑啦！老了很難嫁。」

我心想：「要是嫁給你們這種婚後還有小三，有賺錢回家就
以爲是大爺，一天到晚泡酒店的男人，才是倒楣吧！我還不如
單身好！」現在回頭看，只是笑笑，我們有所堅持，也能得到
真正的幸福。不是嗎？

如果想要隨便亂結婚，婚後不幸福，那又代表什麼？有的人
會說：「至少有結過婚啊！」「至少你已婚啊！」哈！我一點

也不認同，我要對我的幸福人生負責，而不是隨隨便便找個人來安撫那些不相干的人，來證明我結了婚、有人要了，這實在是太膚淺也太難以理解了。

而且，自己的幸福、自己的人生，都是你自己在過，到底關那些路人什麼事呢？

想想，很多人討厭過年的原因，就是那些不熟悉的親戚，假藉關心之名，評論你的人生。他們認為的成功和失敗，也只是他們自己的價值觀，並不是你的。如果你輕易就被數落、被影響了，而去選擇一條他們認同的路，那不也是不對自己的人生負責嗎？

有人說，不問隱私，就不知道要聊什麼了。難道，你的人生淺薄到沒有其他話題能聊？難道，你的腦袋沒東西，人生沒興趣、專長可以分享？

有很多事情可以聊，聊生活、聊興趣、聊時事、聊有趣的事……都比聊隱私好。除非你的人生真的很乏味，那麼，你更應該好好反省，為什麼自己腦袋沒有東西可以聊。

我覺得，和人聊天時，讓人感到舒服的程度，就是你層次的高度。別人願意跟你分享私事，你可以當聽眾，但不必當八婆。

　　將心比心，多一點尊重。如果別人探問你隱私，又在你傷口撒鹽，你會有什麼感受？如果你不喜歡，也可以不要這樣對待他人。

　　不要隨意的探問人隱私，不把自己的價值觀套在別人身上，這是尊重別人，也是尊重自己。

　　尊重別人選擇的權利，也尊重你有自我選擇的權利。

　　學習當一個比較成熟、貼心的人，你會更欣賞自己。

愛情如人生，
你不能兼得，而是選擇！

所有的優點，伴隨而來的就是缺點。每一個好處，背後都有它的壞處。你不可能「全拿」，你只能拿你最想要、最重要的一點！

最近常跟朋友討論到人生是關於「選擇」的課題，愛情、婚姻也是，你選擇要什麼、不要什麼，但是，當你「要」什麼時，你也同時必須承擔可能會遇到你「不要」的。你可以說是選擇題，也可以說是刪去法。但是，沒有人可以「全拿」！

最近聽到兩個男性朋友在抱怨婚姻（沒錯，除了女人，男人也是會抱怨婚姻的），A男抱怨他老婆都說沒時間做家事（重點是他自己也不想做），B男聽了很不服氣的說：「但是你老婆年薪幾百萬耶，老婆會賺錢讓你少奮鬥幾年不是很好？不像我要養家很辛苦！」

B男的老婆是全職家庭主婦，雖然把家庭小孩照顧得好好的，但B男總是嫌老婆不打理自己、身材回不去，沒話聊只會跟他講小孩，所以B男都不想回家。（聽了是不是很欠打？）

聽了這樣的故事是不是很耳熟？每個人都羨慕別人的好，忘

了自己擁有的，每個人都覺得別人桌上的菜比較好吃。

有個女生朋友，她交往多年的男友不斷偷吃、不尊重她，雖然她每次都抱怨連連，但最後她原諒男友了，後來聽說她還是嫁給了他。我十分不解，以這女生的條件，她可以遇到更好、更愛她的好男生、可以不必受這種委屈。

但是，最後選擇他的原因是，因為這男生可以給她「不缺錢用」的生活，她一直沒有在工作，都是靠男生養她。過慣了奢華的生活，離開了也無法去找份正常工作，也養不起自己。所以，即使明知道男生愛偷吃、愛玩又不尊重她，她還是選擇了他當飯票。（但是務實的我總想：如果有一天飯票不要你了，怎麼辦？）

我跟朋友說：「我無法接受這樣的對象，一定馬上離開！太不尊重人了吧？」不禁嘆一口氣，朋友聽了就說：「這也沒有對錯，就是人生的選擇。」

也是，每個人都有權利選擇要什麼、不要什麼。朋友說：「你要一個人養你，那麼你就要手心向上，你又怎麼要求他要聽你的呢？」

選擇伴侶也是一個「選擇」的課題，每次遇到想要結婚的女生，我都會問她們，你要的是什麼？你的「優先」選擇是什麼？因為，你不可能遇到一個完美對象（你也不完美啊），不可能他什麼都好，又高又帥、條件好、又專情、又會賺錢又有時間陪你、家世背景好但又不是媽寶、人緣又好又沒有女人緣……這一切，都只是偶像劇。

　　現實人生就是，你只能選擇你覺得「最重要」的，那麼，你覺得伴侶最重要的應該是什麼？

　　所有的優點，伴隨而來的就是缺點。每一個好處，背後都有它的壞處。你不可能「全拿」，你只能拿你最想要、最重要的一點！

　　有人覺得經濟條件很重要，很好！那麼你就要承受對方有錢會做的那些壞事。有人想要跟年輕貌美的女生在一起，但你可能就要承受你Hold不住的風險。如果你想跟一個受歡迎的大眾情人、偶像在一起，那麼你就要承受當他情人所必須吃的苦。

　　對女生來說，如果你很沒安全感，需要一個時常陪在你身邊的男生，那麼你就不要嫌他不夠奮鬥、工作不認真，因為你可能需要他陪你去做美甲、幫你在週年慶的時候排隊。

　　如果你只想跟個帥哥在一起，你就要承受帥哥所帶來的痛苦

和風險；如果你只想要Sugar daddy，你就不能嫌他不夠帥、身材不好。

對男生來說，你要一個可以跟你共同分擔家計的女生，你同時要她工作、要她又能顧家庭、做家事、顧小孩、顧你爸媽，你覺得有可能嗎？

如果你只想跟一個公主在一起，你就要有伺候她的決心；如果你要的只是一個很會做家事的老婆，你就不要嫌她為什麼變成黃臉婆。

愛情如人生，婚姻更是現實生活，你不可能什麼都要、卻想要不勞而獲。你也不可能「全拿」，因為你沒有那麼好的條件。你只能「選擇」你要的，或「選擇」不要的。

對我來說，我覺得伴侶最重要的就是家庭觀念、忠誠和責任感，也就是人品！簡單來說，「不愛玩」是很重要的。

所以我並不會追求要像偶像劇帥哥、要條件多好、要多高多帥（這些談過戀愛、遇過就好了）因為我很清楚，「優先」順序才是最重要的。所以，我很感謝當時的我早已放下了年輕時「腦袋不清楚的夢幻想法」，腦袋的水都抽光了（婚後才不用掉眼淚），所以才能跟一個與我有相同目標、踏實穩定的一起經營美好的婚姻生活。

　　人不必貪心，因為我們真的沒有能力、也沒有條件什麼都要。如果你不知道你要的是什麼？你先想想，你「不要」的是什麼？用刪去法，也是一種選擇。

　　就像連續劇〈茶蘼〉，選擇了方案A或方案B的人生，必定朝不同的方向前進。而既然你已經選擇了你要走的路、你要的對象，那麼，你就不要再去想「如果選了……會怎樣？」而是正視、尊重、認同、接受你的選擇。

　　當然，如果你覺得失敗了、選錯了，你還可以改變、再來，但是你也必須承受其中的得或失。就像是離婚了，你必定從中學習到錯誤，你才能重新開始。或許，你必須經歷了重要的挫折或失敗，你才會知道：「原來我要的是什麼！」

　　愛情、婚姻、人生……都是在於你的「選擇」，不要說你「沒有選擇」，因為沒有選擇也是一種選擇。

　　不要總說你是「被選擇的」，把對錯責任都交給了別人，也是逃避對自己負責的說法。（或許真的有不幸是無法選擇的，但是大部分的人生道路都是你可選擇的。）

　　當你選擇你要的，就要去面對這個選擇必定帶來的好與壞、這個人的優點和缺點，你無法只要好的、不要壞的，愛一個只有優點的人，這是不可能的！

　　當你更明白，人生不是兼得而是選擇。你會更了解，怎麼去做「選擇」，怎麼在自己選擇的人生中活得快樂、無憾。

幸福是學會不逞強、不說氣話

很多人總是責怪別人、期望對方給你幸福，其實你也要反過來反省自己，是不是有為幸福的關係努力？

朋友聊到跟男友吵架，兩人都愛說氣話、說分手，沒有人要低頭。我問：「其實你還是很想跟他在一起吧？」她說：「是啊！」「那為什麼不好好的跟他溝通、說出你多愛他、多需要他呢？」

年輕氣盛的時候，我也不是個脾氣好的人，但是現在走入婚姻，我最大的改變就是脾氣變好。我發現，只有自己先改變，關係才會改變，如果你還是要爭執：「為什麼我要先改，不是他改？」「我又沒有錯，為什麼要先示好？」那麼，惡性循環下，你們只會不幸福。

我常在書裡寫到經營幸福的想法，其實最重要的就是忍住自己的口！要講氣話前先忍住，多想三秒鐘你就會知道不必這麼

說。因為，你傷了他、傷了自尊，那樣的傷害對方會永遠放在心裡的（將心比心，你也會懂）。

如果你真的那麼愛他，又怎麼捨得傷害他？破壞你要的幸福呢？

想要更幸福，你就要讓自己往幸福的方向走，而不是走反方向，最後吵久了、感情淡了，等你想要彌補也來不及了。你總以為對方可以忍受，但人也會有無法再忍受的一天啊！

不要逞強，就是不要去冷戰、去嘴硬，故作姿態假裝很強（其實你超弱）。你需要他，就好好的告訴他你要什麼，你希望他能更愛你。

不說氣話，能忍住情緒不說氣話，是最難的修養。但當你做到時，你會為自己的成熟感到欣慰。忍住並不是你輸，而是，你願意珍惜感情。

那麼，要怎麼跟對方溝通？就趁你們心情好的時候，好好的跟對方講吧！

當然，如果對方總是傷害你，你也會有底線。如果你總是傷害對方，他也會有臨界點。感情不必勉強，也不要耗損。

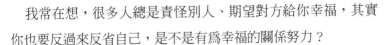

　　我常在想，很多人總是責怪別人、期望對方給你幸福，其實你也要反過來反省自己，是不是有為幸福的關係努力？

　　擁有幸福的體質，不只是選擇伴侶的眼光，經營感情的智慧也是我們該學習的。想得到什麼，先付出什麼吧！

　　對你愛的人示弱不是真的弱，逞強也不是真的強。

　　做一個溫柔又堅強的女人，讓自己的個性變得更可愛，為自己所要的幸福努力！

　　忍住三秒鐘，你會更幸福！

不要去問別人：
「爲什麼不……？」

將心比心，如果你也有難言之隱，也害怕被問到某些問題，又爲什麼要去問別人？你自以爲是的善意可能會傷害到別人。

每一個人，難免被問到以下幾個問題：「爲什麼單身？」「爲什麼不交男（女）友？」「爲什麼不結婚？」「爲什麼不生小孩？」「爲什麼不生第二胎？」「爲什麼不再生個男的？」……

這些以「爲什麼不」作爲開頭的問題，當你勉爲其難的給了一個答案，對方還是會繼續追問下去、用他的價值觀綁架你，甚至是道德勸說……好像你不這麼做，就是不對。

這些「爲什麼不」的問題，充斥在我們的生活周遭，尤其以逢年過節爲高峰，甚至連路人、初次見面的、不熟的朋友，都會問你：「爲什麼不……？」

他們總是好心、熱心，覺得這是跟你拉近距離的方式，但是，問的人可能沒想到……

單身的人可能剛好失戀、走不出情傷、交不到對象、喜歡的

人不愛他⋯⋯

不結婚的人可能有更多難言之隱，愛上一個沒有未來的人、男友不想求婚，或是他本來就是不婚主義、他找不到對的人⋯⋯（你要不要幫忙介紹？）

不生小孩的人，可能他真的很想但是不孕症、已經流產、因為經濟能力不足無法生，也有可能他們夫妻倆本來就不想生⋯⋯（你這麼熱心是要幫忙養嗎？）

不生第二胎的人，也可能生不出來、養不起不敢生，本來就不打算再生。沒有生男孩不代表他們有傳宗接代的壓力，也不代表他跟你一樣重男輕女。人家就是喜歡女兒，不行嗎？

我常想，臺灣的社會是不是很愛逢人就問隱私，不少人把它當作與人拉近距離、表達關心的方式。但事實上，很不禮貌、也許會傷人。

有些人無法告訴你實情，所以必須說善意的謊言，也有人用自嘲的方式娛樂大家，但是，將心比心，如果你也有難言之隱，也害怕被問到某些問題，又為什麼要去問別人？

朋友說他不孕症多年，什麼方法都試過了最後放棄，但每當有人跟她說「隨便生都是一個『好』，不是跨過去就有了嗎？」甚至更難堪的是直接責備她不生就是「自私」，她說，

面對這些話，內心脆弱還要強顏歡笑，很心酸。

有的朋友本來就打算不婚（或找不到對象），但每當遇到長輩親友的關心，告誡她：「再老就沒人要，為什麼要那麼挑？」總是怒火中燒又要忍耐。

有的夫妻本來就喜歡當頂客族，結婚十多年也過得很幸福，卻總要被道德勸說：「沒有小孩，老了會很孤獨，沒有人養……」

他們笑說：「有這種想法的人，就算子孫滿堂還是會孤獨。」

想一想，你的關心，可能會讓別人傷心，你的好意，也可能對他來說是惡意。

在問問題以前，你不知道對方曾經歷什麼苦或是正在面對什麼痛。那麼，你自以為是的熱心、好心、關心，其實都是句句傷人心。

尊重每個人有他過自己生活的權利，也學會尊重與你不同價值觀的人。

年紀漸長，你慢慢懂得，我們花了幾年的時間學說話，卻要花一輩子的時間學會閉嘴。

不問，是一種體貼，不說，是一種智慧。

年齡，讓你增值，
還是貶值？

不要成為那種只回顧當年美好的人，而是要努力成為現在
比過去好的人。

姐總是會遇到年輕讀者問我，女人是不是年紀大就貶值、沒
得挑，甚至是愛情市場的劣勢？

我笑說，要讓自己增值還是貶值，都是你自己決定的。如果
你以為自己是劣勢，甚至因為年紀被嫌？代表你遇到的對象層
次太低。

曾在書中看到一句話：「四十幾歲貶值的女人，二十幾歲也
未必有太大價值。」既殘酷又真實。

如果年輕時就努力向上的女人，年紀長了也不可能瞬間平
庸。如果年輕時不願努力只是消耗青春，十年後也不可能突然
成功、讓人欣賞。縱使有先天美好的條件、外在，如果總是消
耗著、浪費著，不去成長，也會從天鵝變成醜小鴨。

我不太喜歡聽女人抱怨：「我老了，所以不能……無
法……」這種自我放棄、否定的心態，一點魅力也沒有。你先
放棄了自己，別人當然也會放棄、遠離你啊！

就像我說的，你要走老運！不是追求小時了了，而是未來更好。

不要成為那種只回顧當年美好的人，而是要努力成為現在比過去好的人。

♔

年齡可以帶給你成熟與智慧的禮物，那是你的經歷得來的，那些成長，都讓你變得更好，那是增值。但如果你揮霍了人生，什麼都沒得到，那才是貶值。

其實看看許多越老越增值的女人，她們反而比年輕時更有自信和魅力。有人說，歲月可以雕刻一個女人，也能摧毀一個女人。你想要被雕刻還是摧毀？

當你越有自信，就不需要被那些無腦又無理的人所影響，更別說被傷害。因為層次早已不同，他們根本傷不了你。你想過的生活和幸福，都是自己決定的，不是別人評斷的。

當別人想要貶你，他貶的也是他自己的品格，他笑你也只是顯得他愚昧，你除了一笑置之，其實根本懶得搭理他們，不是嗎？

當你讓自己更好，還怕配不上更有質感的愛情嗎？又何必為了無聊人的否定讓自己焦慮，去隨便愛、隨便生活、糟蹋自己呢？

會讓你增值或貶值的，從來不是年紀，是你自己。

至於那些總是說你年紀大會貶值的閒人，最好不聽、不看、不聯絡，畢竟人鬼殊途，保持安全距離才不會貶了你的生活品質。

不要急，當你成熟一點、狀態好，遇到的姻緣也會比較好。

我很期待我越來越老的過程，我也享受著自己每一年的成長、進步。現在我期待四十歲，未來還期待更好、更美好精采的生活。我一年比一年快樂、自在，和自信。這都是歲月帶給我的禮物，也是我自己努力的禮物。

好好照顧自己、善待自己，並好好經營自己的人生。相信你只會讓自己更好，增加的年紀，也增長了智慧，這才是對自己負責任的態度。

成長來自犯錯，
勇敢來自脆弱

最後你會明白，人生是自己的。沒有人有義務讓你幸福，
也沒有人有權利讓你不快樂。只有你自己。

　　若你問我：「要怎樣成為一個勇敢、成熟、獨立有自信的
人？」我會這麼回答你：「成長來自犯錯，勇敢來自脆弱；自
信來自自卑，幸福來自不幸。」

　　沒有人天生完美，總是幸運，沒遇過挫折，而那些你看起來
「能把自己過得很好」的人，他們也是經歷過許多挫折低潮，
但堅持不放棄自己的人。

　　他們知道，人生看的不是過去，而是現在和未來。過去有多
差沒關係，以後也只能更好、不會更差！唯有成為打不死的、
不會倒下的鬥士，才能打開人生的另一扇窗。

　　有些人會認為我是個很勇敢、有自信的人，其實我弱起來
自己都覺得好笑。我本性是個膽小的人，也曾沒自信、否定自

己，跟大部分的人都一樣，我也經歷過許多的失敗才能讓自己慢慢的成長、進步。

人生的路程中，我也犯過不少錯誤，我絕對不是完美的人，甚至可以說是有很多缺點、不美好的人，但是我願意面對自己的錯誤和盲點，去努力找出讓自己更好的方法。而不是困在錯誤中，自責或逃避不前。

沒有人天生什麼都好，那些你看起來現在過得很好的人，他們也是跌跌撞撞的走過來，並沒有跟你不同。

我寫感情的文章並不是因為我是情場高手或厲害的專家，而是，大部分的錯誤我都走過，該跌的跤也沒有少跌，我也曾受過傷或傷過別人，不懂自己要什麼，在混亂的愛情中失去了方向。所以，大部分的文章其實也是寫給我自己看的。

一路走來，我慢慢的找到自己、找到幸福。所以我更想寫作，讓更多人可以相信自己值得幸福、成為更好的人。

很多人害怕錯誤、羞於失敗，覺得自己不好……

但是，不必害怕犯錯，因為錯誤教會你更多東西。面對自己的脆弱不可恥，而是努力讓自己今天比昨天更勇敢一些些。

害怕獨立，給自己力量去相信你做得到。覺得自卑，就當作讓自己更好的動力。

　　總是遇到不幸？那麼就把過去當成教訓，為自己要的幸福努力前進。

　　如果別人笑你，你就笑笑當作是給自己的動力，別人損你，就當作練修養、練氣度。別因為他人，而影響自己向前的動力。

　　有一天你回頭，他們還在原地，而你早已不在意。

　　有一天你會感謝過去的錯誤、挫折、脆弱、不幸……造就了現在更好的你。

　　你不恨那些傷，也不怨那些痛。如果沒有傷痛，你不會找到真正的幸福快樂。

　　最後你會明白，人生是自己的。沒有人有義務讓你幸福，也沒有人有權利讓你不快樂。只有你自己。

　　"Life is tough, but you are tougher!" 分享我的座右銘。

　　人生不容易，但我們還是要微笑前進！不是嗎？

我們總是羨慕別人得到的，忽略自己擁有的

常常，聽著誰羨慕誰，但被羨慕的人也說他羨慕別人……

我們總看著別人有的，忘了自己其實也有別人沒有的。但，如果你得到了別人有的，就一定比現在快樂嗎？不一定。因為每個你羨慕的人，必然也付出過相對的代價，對等的犧牲。

想想，我們的不快樂，往往是放大了自己的不足，縮小了自己擁有的。

有時候，我也會羨慕別人得到的，氣餒自己做不到的……有時候，我也很想用我擁有的，去交換別人輕易就能得到的東西。

但，這或許就是上天公平之處。

我們都要學會在不完美的人生，努力把生活過得更美好一點，不是嗎？

　哭完了，就笑吧，跌倒了，就向前走吧，失敗了，就再努力吧！

　很多事情的確不容易，夜裡哭了，白天還是要笑，垂頭喪氣，還是告訴自己要挺起腰桿。吃了多少虧，還是要笑笑的說沒事。明明很膽小，還是要努力堅強。就算很難過，還要學會開自己玩笑。

　很不容易，但還是要努力。

　你問我，要怎麼快樂，我說，不快樂的時候就先笑吧！無論如何，我們都不能失去笑的能力！

　嘿！說不定你羨慕的人，現在也羨慕著你呢！

成熟是，
不需要貶低別人來證明自己的好

你的幸福不是來自別人的不幸，你的成功不是來自別人的失敗，你的快樂不是來自別人的悲傷。

　　相信很多人都有經驗，莫名遇到別人的打擊、貶低，只因為他們想證明自己比較好。

　　但是，如果真的比較好，又為什麼要去打擊比他差的人呢？還是他只是想瞧不起你，來證明自己比較優秀？或他只是想打壓你，來強調自己比你好？

　　這樣的情形會發生在很多情況，職場上、情場上，職場上把你當假想敵、競爭者的人，會拚了命的想抹黑你、拉下你，甚至用不正當的方式來毀滅你。

　　情場上，那些愛不到你的人，他們也可能也會抹黑你、中傷你，他們會說自己有多好，你有多差。

　　但弔詭的是，如果他們真的如自己所說的那麼好，你又怎會離開他？

年輕時，我們總容易人云亦云，太輕易相信自己所聽到的一切，我們輕易相信謠言、跟著別人討厭他人。但是經歷了許多，我們發現，那些「受害者」或許才是加害人，那些滿腹委屈的人，可能並不是真的可憐。

總是想強調自己有多好、別人有多差，甚至不惜批評、打壓別人的人，或許他們沒有自己說的那麼好。

貌似正義的人，可能用他所謂的正義傷人。

而總是有人問，不去計較、不反擊就是輸了嗎？我想了想，回答他：「我覺得，當你成熟一點，你會發現，不需要去貶低、傷害別人來證明自己的好。」如果你真的對、真的好，你根本不需要去做那些事。

不管別人怎麼對你，你不去做跟他一樣的事，不同流合汙，這或許看起來比較弱、比較蠢。但，時間久了，你會知道你做的是對的事。

如果你夠好，你想讓自己更好，你根本沒有時間浪費在傷害那些你自認不如你的人身上。反之，你更會用你的力量去幫助

別人。

　　表面上看起來不聰明，但長遠來看，這是你的格局。

　　不管在職場、在情場，遭遇了這些不平之鳴時，請不必惱怒，而是想想，你想讓自己未來站在什麼位置。

　　你學會成熟，因為你知道，你不需要貶低任何人來強調自己的好。因為傷害別人，不是讓自己成長的方式。

　　因為，你的幸福不是來自別人的不幸，你的成功不是來自別人的失敗，你的快樂不是來自別人的悲傷。

　　你的時間要花在努力讓自己變得更好上，而不是傷害別人上。

　　而那些人就讓他去吧，因為他們最終傷害的不是你，是他們自己。

　　把自己做好，才是最重要的！

低質感的社交，
不如高質感的獨處

　　說到最喜歡享受**獨處**的，應該就是我們摩羯座了吧，雖然說，我們可能看起來愛熱鬧，但人生中最享受的時刻，就是獨處。而且，幾乎沒有怕寂寞的問題。

　　你可能有這樣的感受，經歷了一些無趣的社交活動，看到不喜愛的人事物，卻又懶得樂在其中，不想說假話迎合、配合別人。突然覺得，獨處是件多放鬆、多美好的事！

　　以前過節，你總是要把自己過得很精采，怕不夠精采就不夠快樂。但現在你慢慢明白，真正的幸福快樂，不是精采熱鬧，而是享受平靜。

♥　　　　　♥　　　　　♥

　　於是你明白，朋友不在量，而是質。不在於你認識了誰，而

是你自己是誰。

　　生活中追求的不是一場又一場的社交，而是，把時間留給真正重要的人。

　　因為，你已不需要那些無謂的人事物來證明自己的快樂，排遣自己的寂寞。你懂得留更多時間給自己。

　　你會懂得，你要的幸福和快樂，不是來自別人，而是來自你自己。

♥　　　　　♥　　　　　♥

　　喜歡這一句話：「低質感的社交，不如高質感的獨處」

　　人要耐得住寂寞，才經得起幸福。

　　懂得享受內心的平靜，才能活出真正的精采。

自在享受獨處，
你才能快樂的與對方相處

　　常聽到很多人會覺得一個人很可憐，很不喜歡單身狀態。我都會說：「一個人很自在啊，單身更要好好享受，你更要把握這個時候，說不定你以後會懷念起現在呢！」

　　不管單身還是已婚，我一直都很享受獨處的時光。我認為獨處是人生中最快樂的事情，第二才是有伴。

　　看過很多無法獨處的人，凡事都要依賴別人，只要身邊的人一離開就感到不安，其實你有了伴也不會快樂，甚至，跟你在一起的人也不會快樂。

　　很多人害怕寂寞，覺得孤獨很可憐，拚了命要找一個人來陪，結果都只會更加寂寞。

　　如果只是為了脫離單身、想要人陪、想談戀愛，而急著去找對象，為了結婚而結婚，將就來的通常都不是好緣分。

　　心靈的空虛，不是靠別人來填滿，你要的安全感，也不是靠別人來給。

　　而是先學會豐富自己的生活，精采自己的生命，你才能在遇到你愛的人時，與他分享你的美好。如果你是空虛的，只希望對方填滿你的生活，滿足你的需求，最後，你也會很辛苦。

　　♥　　　　　♥　　　　　♥

　　即使在一起，也彼此保有獨處的時間和空間，不必隨時黏在一起，你也不會不安、保有信任、互相尊重，我覺得這才是比較成熟的愛情。

　　在獨處的時候豐富自己，在相處的時候豐富彼此，我想，這才會是1＋1＞2的愛情。

　　單身的你想要愛情嗎？那麼，先學會好好的與自己獨處吧！

　　愛情不能拯救你，婚姻不能完整你，唯有先把自己過好、顧好，活得好，你才會遇見更有質感的愛情。

　　而，就算沒有愛情又怎樣？你也擁有了更有質感的人生。

　　女王語錄：「一個人的孤獨，勝過兩個人的寂寞。」

即使身處不幸，
也要學著給別人祝福

要在自己不幸的時候打開心胸，真誠的為別人鼓掌、祝福，
不是一件容易的事。也就因為不容易，所以我們更要學習。

對於別人的成功和幸福，你會嗤之以鼻、詛咒他，還是會欣
賞、祝福他呢？

如果你過得不好、不快樂，你會希望身邊朋友、別人過得
好、比你快樂嗎？還是偷偷希望大家都一樣慘呢？

這其實是人性的考驗。很多人在自己不幸時，會怨嘆、嫉
妒，看別人的成功不順眼，聽到別人的幸福覺得是假的，見到
他人哪裡好就酸他。彷彿只有全天下的人都要跟他一樣不幸，
才是正常、公平。

但換個角度想，如果有一天你擺脫不幸了，你獲得了成功或
幸福，你會希望別人這樣對你嗎？

其實我很怕這種人，交朋友也盡量避免，因為，這樣的人，

從來不會眞心祝福你，也不會希望看到你好。

　　對他們來說，他的不幸是眞的，別人的幸福都是假的。他希望別人的悲慘來讓他安心，他的快樂是建立在別人的痛苦之上。久了你會被影響，成爲一個負能量爆表的人，看什麼事都不順眼，相由心生面目可憎。

　　但想一想，誰沒有失敗、低潮呢？我也曾遇過不少挫折，在我低潮時，我也羨慕那些比我好、比我幸福的人，但我不會討厭他們，反之，我把他們當成我努力、學習的目標！

　　因爲我知道，如果我越討厭，我就越不會成爲我所討厭（其實是羨慕）的人！這也是一種心想事成。然後，我只能一直扮演最討厭的自己。這樣，我一點也不會進步、成長啊！

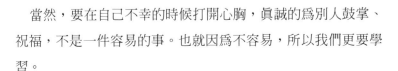

　　當然，要在自己不幸的時候打開心胸，眞誠的爲別人鼓掌、祝福，不是一件容易的事。也就因爲不容易，所以我們更要學習。

　　你可以繼續人性的黑暗，也可以點亮一盞光。你給了善，得到善，給了惡，招來惡。

　　慢慢你會發現，祝福別人，就是祝福自己。

　想讓自己更好，學著改變態度，你會發現你走在不一樣的路上。

　戰勝人性，為更好的自己努力！

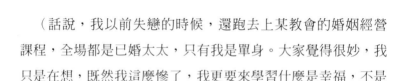

　（話說，我以前失戀的時候，還跑去上某教會的婚姻經營課程，全場都是已婚太太，只有我是單身。大家覺得很妙，我只是在想，既然我這麼慘了，我更要來學習什麼是幸福，不是嗎？哈！其實也學到不少喔！）

愛一個讓你溫暖，
帶給你正面力量的人

一個好的伴侶，總會讓你的心暖暖的，
在你低潮的時候，給你鼓勵和支持，
他不是寵壞你，而是讓你變得更好，
他會讓你知道，他永遠站在你身邊。
不論遇到多少困難，他都給你正面的力量！

而那些不對的愛情，總是讓你失望和無助，
讓你自責、否定，讓你的天空充滿了烏雲。
讓你成為最不喜歡的自己，為愛委曲求全。
經歷過，看過了許多愛情，你會懂，
兩個人不一定比一個人好，
有些愛情，不愛了會更好。

好的愛情會讓你更有能量，更有力量，
你們會願意為了彼此，成為更好的人！
走過黑暗，站在陽光裡，你才會懂，你值得溫暖！
珍惜擁有，並付出更多溫暖。
謝謝你，美好的陽光。

媽媽教我的理財觀

我常笑說，我的父母是難得不著急女兒婚事的人，媽媽覺得女人要有錢在身上比婚姻重要。婚姻充滿變化，但存款簿的數字不會騙人。天底下最務實的，就是我媽了！

曾跟大家聊到愛情與理財的話題，沒想到很多人有興趣。我也很想來分享媽媽教我的理財觀和規畫。因為媽媽對我來說是影響我很大的人！

「女人要獨立、要有能力、要賺錢。」是從小到大媽媽教我的事。她倒是從沒跟我說過要趕快結婚、要找男友之類的話，她說找對象都不是最重要的，婚姻也不是女人最重要的依靠，而是，女人要獨立、要有能力，沒有男人不會餓死，才能擁有人生的自主權，才能靠自己就能得到快樂。

因為從小時候，我就有印象看過我爸爸在商場上的朋友，很多有錢的老闆們，身邊都會有小三。那時我媽媽就跟我說：「不要以為有錢的男人靠得住，當他有小三、愛在外花天酒地，當他老婆也是可憐，甚至還會被拋棄，婚姻又能保障什麼？」

不要當一個要靠男人才有飯吃，才能過生活的女人，這樣的生活太有風險，還是想辦法靠自己的能力，才是最有保障的事。

當我一滿十八歲時，她就要我去考駕照，因為她認為女人要會開車、要獨立，就要有駕駛的能力，未來才不用依賴男人接送。不要成為沒有男人就沒有腳的女人，當你行為不獨立，想去哪都不行，談什麼自主？而且最好女人還要有自己的交通工具，才不會總是仰賴男人來接。我大學就學會了自己每天開車，所以我駕駛的技術算是挺好的，方向感也很好，在國外也能自己開車。所以我滿感謝我媽要我很早學習開車。

我也會一個人旅行，訓練自己獨立自主，也從旅途中學習許多。二十幾歲時，我就開始學習旅行、花少少的錢自己自助旅行、規畫行程，一切都是自己來。現在想起來，那都是我人生中美好的經驗。所以能獨自旅行、自己安排旅行，對我來說都是很容易的事。也很感謝我媽媽放手讓我可以培養獨立的能力！

後來我發現，很多女生都無法自己旅行或規畫行程，都要仰賴男生的幫忙，甚至因為害怕獨立只能跟團，或不敢去嘗試，生活就少了很多樂趣。

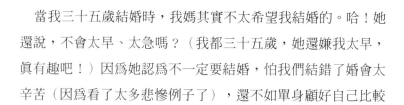

當我三十歲時，我媽要我去買房子（其實是她逼我買房的），要我把繳房貸當作「強迫儲蓄」，名下也有房產，她覺得女人要有自己的不動產，有自己的房子，即使結婚也是自己的財產。說難聽一點，如果跟另一半吵架了也有地方可以去，沒有在怕。哈！

從繳房貸到現在，房子也漲了不少。所以我很感謝她當時要我買房。雖然每個月的房貸會讓我知道要少花點錢，但是現在想起來都是值得的！

當我開始工作有收入後，我媽就要我買儲蓄險，強迫儲蓄，買醫療險、長照險，未來老年也比較不怕。即使生病也不用擔心太多。因為另一半不一定到時候能照顧你，只有自己先顧好自己，有保險，才不用擔心老了的健康問題。

當我三十五歲結婚時，我媽其實不太希望我結婚的。哈！她還說，不會太早、太急嗎？（我都三十五歲，她還嫌我太早，真有趣吧！）因為她認為不一定要結婚，怕我們結錯了婚會太辛苦（因為看了太多悲慘例子了），還不如單身顧好自己比較

快樂。

所以我父母對我們是從來沒有逼婚或催婚這個壓力的（不結更好），我覺得真的很好，因為看過太多身邊朋友都是因為家人的壓力，讓自己急迫要找個人嫁了（不然怕別人說閒話之類），其實這樣只會讓孩子不幸福。為了自己的面子要孩子快點去結婚，難道未來不幸福，你要負責嗎？

結婚前，我媽只跟我說要繼續工作、要有收入、要經濟獨立，我笑說我熱愛工作，別擔心！好像沒有提到要順從老公之類的，哈！

我已經習慣獨立了，即使婚後當然還是會繼續做我喜歡的事，有自己的收入，畢竟要伸手對我來說真的會很不開心。我不喜歡買個東西還要經過別人同意，自己賺、自己買，理直氣壯，多麼開心！所以我與另一半都是經濟各自獨立，我不管他的錢，他也不管我的錢，我有自己的經濟自主權（不要管我花錢），這是我覺得能讓我在婚姻裡得到平等和快樂的事。哈！

我常笑說，我的父母是難得不著急女兒婚事的人，媽媽覺得女人要有錢在身上比婚姻重要。婚姻充滿變化，但存款簿的數字不會騙人。天底下最務實的，就是我媽了！所以我也在她身上學到了務實。

從小到大，我們看過不少女人不幸的例子，靠男人養但有一天男人變心遺棄，或沒了婚姻就沒有收入，或人財兩失，或因

為經濟壓力被迫困在一段不幸的婚姻……女人若想要靠男人，總有一天還是要靠自己。愛情和麵包你都能擁有，但重要的是，這是你自己的麵包。

自己沒有麵包，要在愛情裡要麵包，實在是很辛苦、也很有風險的事！

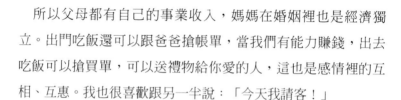

所以父母都有自己的事業收入，媽媽在婚姻裡也是經濟獨立。出門吃飯還可以跟爸爸搶帳單，當我們有能力賺錢，出去吃飯可以搶買單，可以送禮物給你愛的人，這也是感情裡的互相、互惠。我也很喜歡跟另一半說：「今天我請客！」

其實我很感謝從小到大父母教我的「獨立」精神，以及「強迫儲蓄」的壓力（笑），也尊重我的工作和人生選擇。從不干涉我！

我覺得女人要在精神、行為和經濟上獨立，不代表我們不需要男人或愛情，而是我們把自己先顧好了，才有能力去愛人、去照顧別人。我們有能力對自己好，才有能力去付出、對別人好，不是嗎？

情感上，我們需要別人依靠，但我們自己也要當對方的心靈支柱，給他幸福的港灣。要讓另一半回到家覺得自己好幸福！今天老婆請吃飯好開心！

你要先獨立，才有愛人的能力。

　　就像我書裡寫的，愛、幸福、安全感，都是你要先給自己，而不是要別人給你。別人給的，隨時都可以拿走，只有自己的才是你的。

　　當你有做麵包的能力，你餓不死，也能跟對方一起分享彼此麵包不同的美味。那是多美好的事！

　　如果你有女兒，要教她獨立，要有知識、有能力，要懂得愛自己，保護自己，把自己經營好，充實自己，擁有自己想要過的生活。還有，永遠都不要放棄自己。告訴她童話故事和現實生活的不同。與其作夢，不如自己築夢！

　　感謝我媽媽帶給我的好觀念，培養我獨立自主的性格。還有，不管有沒有婚姻，有沒有愛情，都要做一個快樂的女人！

對的人，
讓你們一起成為更好的人！

你和伴侶步伐一致嗎？你們是一起進步，還是退步？

和已婚的女生朋友聊天，她聊到婚後兩人步調不同的苦，一個努力向上，一個只求安逸。當然沒有誰對誰錯，只是方向不同。當步調不同，價值觀也不一樣，就無法共同前進。

有的人對感情和未來的想法不同，拖著停在原地，明知道必定分開，卻得過且過。

有的人遇上了只會耗損他、消耗他的伴侶，談了感情越來越討厭自己。

也有人跟著明知不適合的對象在一起，彼此不開心，卻不甘心分離。

這讓我想到很多分開的理由往往是因「了解」而分開。如果，談了愛情，讓你更不快樂、不喜歡自己，那為何要愛？這真是愛嗎？

一段好的感情，我覺得是一種正向的影響力。

你們會互相磨合，找到相處的訣竅，改進修正自己，學習對

方的優點，然後，一起變得更好。

　　譬如說，脾氣不好的人，學會溫柔；自私的人，學會付出；懶惰的人，變得勤奮；被動的人，變得積極……

　　如果感情遇到了瓶頸，問問自己，這段感情讓你覺得自己變得更好嗎？還是讓你討厭自己？你覺得自己不斷前進，還是一直消耗著沒有進步？

　　和他在一起，你覺得自己變得更好了嗎？

　　你們是「一起前進」，還是只有你自己在努力？

　　如果你問我，什麼是好的感情，我想，就是一個願意支持你的人吧！

　　他能和你一起變好，然後願意跟你一起變老！

　　姐的人生體悟：

　　找一個讓你笑的人，而不是讓你哭，

　　你的眼淚只留給感動，不是心痛！

錯過，
也未嘗不是壞事

常聽人感嘆：「如果當初跟誰在一起、沒跟誰分手，可能現在會更好！」「如果以前沒有錯過，現在就不會後悔了……」

這樣的懊惱、後悔、感嘆、遺憾，你也有過嗎？

但是，沒有分開的話，真的會更好嗎？

「那些最後分手了、離婚了的伴侶，當初不也是相愛、以為會永遠嗎？」沒有人能保證在一起的結局一定是永遠幸福快樂，說不定有很大的比例是變成仇人、只恨當初為何愛上你。

所以，你以為錯過可惜的人，在一起，或許也會分離。你以為相愛應該很美好，可惜最後結果通常不美好。

或許，錯過了、分手了，才是你們最好的結局。

我常這樣想，人會在一起、不在一起，都有原因。不管是相愛還是分離，都是人生學習的課題。

　　最重要的是，人要活在當下（不是活在過去），往前看（不是頻頻回首），錯過就錯過了，過去就過去了，不是你的就不是你的。強求的不美，念舊更沒需要，不斷回鍋舊愛，只是消耗僅剩的同情。

　　有些緣分很長、有些很短，那麼，短就短吧！到此為止，放下手，留下曾經美好的回憶就好。

　　說不定，你比想像中更快忘掉。

❤　　　　❤　　　　❤

　　可能你多年後會明白，分開的、沒緣分的、不愛你的，都是好事。

　　錯過，也不是壞事。

　　真正屬於你的，誰也拿不走、他也不會走。

　　反過來說，如果，遇到很糟的另一半，你會真希望當初錯過他。不是嗎？沒錯過也可能是孽緣躲不了。

　　是福還是禍，就看你自己的想法了。

關於幸福，
你是有選擇的！

許多人會說：「婚姻是愛情的墳墓。」但我認為，要不要活在墳墓，或要不要把婚姻變成墳墓，都是你可以決定、選擇的。

很多單身的女生朋友說，覺得自己過得很好，有錢、有自由、有快樂，尤其是看多了不幸的婚姻，聽到許多人在抱怨另一半、外遇，更覺得婚姻並不是幸福的絕對。

許多人會說：「婚姻是愛情的墳墓。」但我認為，要不要活在墳墓，或要不要把婚姻變成墳墓，都是你可以決定、選擇的。

觀察那些結了婚後，過得幸福的女人，她們都不是處處依附男人或沒有自我的女人，而是，她們都充滿了自信和競爭力。

她們不會總花時間在抱怨、批評那些對她不公平、不友善的事情，而是，她們懂得用聰明的方法去解決那些她們不喜歡、不想要的事情。因為她們知道忍耐無法得到幸福，只有去解決問題才能改善、改變自己的命運。

重點是，不要因為有人要了、結了婚，就放棄自己或把自己

放到最低。只照顧別人，不顧好自己。

我曾在婚後有段時間也不愛打理自己，覺得愛漂亮似乎不是那麼重要，反正都結婚了嘛！直到我另一半叫我不要再穿髒掉、破掉、鬆掉的衣服在家裡，跟他出門可以不要邋遢嗎？我才驚覺，天啊！我剛結婚就有了黃臉婆的心態！

於是我立馬振作，除了自己的工作繼續努力維持、提升自我外（經濟獨立是女人自信的來源），我也開始努力健身、運動維持身材，也時時提醒自己要懂得打扮、打理好自己，不能一結婚就變成大嬸。然後也不能忘記充實自己、培養興趣，讓自己充滿了活力、更有魅力！

女人很容易在婚姻中忘記自己，甚至把自己放到最低、最後失去自我，但是看過了太多悲慘的例子，其實這樣的女人最後也得不到男人的感謝和憐愛。

男人並不會對一個「沒有選擇」的女人著迷，而是，知道你充滿了選擇，但你的選擇是他。

結婚了後，還是要努力保有自信和競爭力，讓對方為你心動！

　　我告訴那些單身的女生朋友，不要因為看多了不幸就害怕。而是，我們要讓自己遠離不幸，創造幸福！

　　結了婚的女人也可以努力讓自己過得好，讓自己有錢、有自由、有快樂，可以讓你的婚姻保有愛情，這些，都是你可以決定、可以選擇的！

　　沒有人可以讓你不幸，除非你甘於不幸。記得，你是有選擇的！

後記

感謝你們給我繼續創作的勇氣！

從網路寫作、出書到現在已經十幾年了，我還能繼續寫下去，真的要非常感謝你們的默默支持和鼓勵。

常會有讀者說：「我從小看你的書長大的！」（哈！我有這麼老嗎？）「我從學生時代就看你的書了！」「從單身看到現在都是幾個孩子的媽了！」「當初失戀看了你的書，我才活過來的！」……這些話其實聽了都很感動。

當然，現在的出版不若以前，能夠堅持寫下去，不是一件容易的事，一半是幸運，一半是堅持到底的努力。寫作不是一件容易的事，可能花了很多時間寫，但不一定會有很多人看，也不是能創造穩定收入的工作。但是，我相信這是我人生最重要的夢想！為了這個夢想，我願意繼續走下去！

我可以說，我從二十幾歲的女生寫到現在，也四十歲了，結婚即將生子，你們也陪伴我經歷人生，跟著我一起成長！不是嗎？

對我來說，能夠寫作，是幸福的，能寫文章帶給別人一點快樂、好的影響力，可以幫助到人，都是我覺得最值得的事。你們的一句謝謝，都是支持著我繼續努力的力量。

這一本書，是懷著寶寶的時候創作的，感覺多了一人參與

呢！哈，希望未來我的孩子可以閱讀到媽媽的書，知道我在忙什麼，他參與了什麼。

也謝謝翻閱這本書到最後的你，希望我的作品可以給你一些啟發，讓你從文字中找到自己的想法和目標，帶給你的生活一點快樂和溫暖。

我是幸福的人，因為我有著你們的愛，有著家人、朋友和另一半的愛，還有肚子裡孩子帶給我的愛。寫著寫著，不自覺傻傻笑了起來，滿足又喜悅。

我會繼續努力，也謝謝你們願意花時間看完我的書。希望你找到你要的勇氣，你絕對比你想的更勇敢、更值得快樂與幸福！

illy

後記　感謝你們給我繼續創作的勇氣！

國家圖書館出版品預行編目資料

你比你想的更勇敢 / 女王著. -- 初版. -- 臺北市 : 圓神, 2019.03
　　352 面；14.8×20.8公分 --（圓神文叢；243）

　　ISBN 978-986-133-681-7（平裝）
　　1. 婚姻 2.兩性關係
544.3　　　　　　　　　　　　　　　　　　108000634

www.booklife.com.tw　　　　　　　reader@mail.eurasian.com.tw

圓神文叢 243

你比你想的更勇敢

作　　者／女王
發 行 人／簡志忠
出 版 者／圓神出版社有限公司
地　　址／台北市南京東路四段50號6樓之1
電　　話／（02）2579-6600・2579-8800・2570-3939
傳　　真／（02）2579-0338・2577-3220・2570-3636
總 編 輯／陳秋月
主　　編／吳靜怡
責任編輯／吳靜怡
校　　對／吳靜怡・歐玫秀
美術編輯／林雅錚
行銷企畫／詹怡慧・林雅雯
印務統籌／劉鳳剛・高榮祥
監　　印／高榮祥
排　　版／莊寶鈴
經 銷 商／叩應股份有限公司
郵撥帳號／ 18707239
法律顧問／圓神出版事業機構法律顧問　蕭雄淋律師
印　　刷／國碩印前科技股份有限公司
2019年3月　初版
2022年7月　11刷